Das 1. Buch Henoch
Nach dem Text von Dr. Joh. Flemming und Dr. L. Radermacher 1901

Hg. Alexander Basnar
Krumau am Kamp 2024

FSC
www.fsc.org
MIX
Papier aus ver-
antwortungsvollen
Quellen
Paper from
responsible sources
FSC® C105338

Bibliografische Information der Deutschen Nationalbibliothek:
Die Deutsche Nationalbibliothek verzeichnet diese Publikation in der
Deutschen Nationalbibliografie; detaillierte bibliografische Daten sind im
Internet über www.dnb.de abrufbar.

Das 1. Buch Henoch
Nach dem kritischen Text von Dr. Joh. Flemming und Dr. L. Radermacher,
J. C. Hinrichs'sche Buchhandlung, Leipzig 1901

© Alexander Basnar, Krumau am Kamp 2024

Coverbild: Casey Horner, Unsplash.com

Herstellung und Verlag:
BoD – Books on Demand, Norderstedt
ISBN: 978-3-7583-6782-3

Inhalt

Vorwort

„Von diesen hat aber auch Henoch, der siebte nach Adam, geweissagt, indem er sprach: Siehe, der Herr ist gekommen mit seinen heiligen Zehntausenden, um Gericht zu halten über alle und alle Gottlosen unter ihnen zu strafen wegen all ihrer gottlosen Taten, womit sie sich vergangen haben, und wegen all der harten Worte, die gottlose Sünder gegen ihn geredet haben.“ (Jud 1,14-15)

Dieses Zitat überrascht viele, denn wir finden in unseren Alten Testamenten keine Worte des vorsintflutlichen Patriarchen. Einzig sein herausragender Lebenswandel und sein erstaunliches Verschwinden von der Erde wird uns dort überliefert. Woher hat Judas diese Worte? Aus dem 1. Buch Henoch (Hen 1,9).

Der Ursprung dieses Buches liegt im Dunkel. Das ist aber nichts Außergewöhnliches bei Schriften aus dieser Zeit. Vollständig ist es uns nur in der Bibel der Äthiopischen Kirche erhalten geblieben, in der äthiopischen Sprache. Diese Fassung wurde im 5.-6. Jahrhundert aus einer griechischen Vorlage in Ägypten übersetzt. 1901, als Dr. Flemming und Dr. Radermacher im Auftrag der Kirchenväter-Kommission der Königlich Preußischen Akademie der Wissenschaften den hier wiedergegebenen Text herausbrachten, galt der ursprünglich semitische Ausgangstext als verschollen. Die Funde der Schriftrollen von Qumran brachten jedoch mehrere Fragmente des Henoch-Buches in Aramäisch zum Vorschein. Diese werden auf das zweite bis dritte Jahrhundert vor Christus datiert. Damit sind diese Fragmente so alt wie die ältesten Handschriften der kanonischen Bibeltexte. Mehr kann man nicht mit Bestimmtheit sagen.

Was dem Buch Henoch Gewicht gibt, ist sein Gebrauch im Neuen Testament und den Texten der frühen Kirchenväter. Judas zitiert es autoritativ (s.o.), und unser Herr Jesus scheint es zu den Schriften zu zählen, als Er in der Diskussion über die Auferstehung den Sadduzäern entgegnete:

„Ihr irrt, weil ihr weder die Schriften noch die Kraft Gottes kennt. Denn in der Auferstehung heiraten sie nicht, noch werden sie verheiratet, sondern sie sind wie die Engel Gottes im Himmel.“ (Mat 22,29-30).

Christus beruft sich auf „die Schriften“ und verweist auf zwei Aussagen, die sich so nur im Buch Henoch finden: Dass Engel nicht zur Ehe bestimmt sind (Hen 15,4-7), und dass alle Menschen einst wie Engel Gottes werden (Hen 51,4), was sich auf die erweiterte himmlische Natur unseres Auferstehungsleibes bezieht (1.Kor 15,42-44). Offenbar zählt Er Henoch also zu den Schriften.

Es ist bemerkenswert, dass es zwischen dem pharisäischen Kanon, dem die Protestanten folgen, und den anerkannten Schriften des Alten Testaments in den diversen anderen Konfessionen zwar Übereinstimmung im Gesetz und den Propheten gibt, aber was den Umfang der Schriften betrifft (also Psalmen, Hiob, Sprüche, etc.), erhebliche Unterschiede bestehen. Die Pharisäer, und mit ihnen die Protestanten, meinen, dass es zwischen dem letzten Propheten Maleachi und Johannes dem Täufer keine Offenbarungen Gottes gegeben hätte. Sie sprechen von 400 Jahren des Schweigens. Dies haben weder die frühe Kirche, noch das griechischsprachige Judentum und offenbar auch die Essener so gesehen. Besonders die nordafrikanischen Gemeinden gaben Henoch durchaus kanonischen Status, aber auch viele andere frühe Kirchenväter beziehen sich darauf. Tertullian argumentiert um 200 n.Chr.:

„Ich weiß wohl, dass das Buch Henoch, welches den Engeln diese Rolle zuteilt, von manchen nicht angenommen wird, weil es keine Aufnahme in den jüdischen Kanon gefunden hat. Man hält es, wie ich vermute, nicht für möglich, dass dieses Buch, welches vor der Sündflut verfasst worden ist, bei dieser Heimsuchung des ganzen Erdkreises, wobei alles vernichtet wurde, unversehrt geblieben sein sollte. Wenn das der Grund dafür ist, so sollte man aber auch nicht vergessen, dass ein Urenkel Henochs die Sündflut überlebte, Noe, welcher jedenfalls von der Gunst, die sein Urahne bei Gott besaß, gehört haben musste, alle seine Lehren durch Familienbeziehungen und Erbüberlieferung kennen und sich deren erinnern musste; denn nichts empfahl Henoch seinem Sohne, dem Metusala, so angelegentlich, als den Nachkommen die Kenntnis davon zu überliefern.[1] Somit war es ohne Zweifel möglich, dass Noe ihm in der Bestimmung, zu predigen, nachfolgte, schon deshalb, weil er so wie so nicht über den Ratschluss Gottes, seines Erhalters, und über den Ruhm seines eigenen Hauses geschwiegen haben würde. Wenn dies nicht so leicht anging, so dürfte auch folgende Erwägung zur stärkeren Beglaubigung jener Schrift dienen. Er hätte sie, wenn sie durch die Gewalt der Sündflut vernichtet worden wäre, im Geiste gerade so gut wieder herstellen können, wie nach der Eroberung und Zerstörung Jerusalems durch die Babylonier sämtliche Bücher der jüdischen Literatur anerkanntermaßen durch Esdras wieder erneuert wurden.[2] Allein da Henoch in derselben Schrift auch vom Herrn gesprochen hat, so haben wir von dem, was für uns bestimmt ist, durchaus nichts zu verwerfen. Auch lesen wir, dass jede Schrift, die zur

---

[1] Es sei darauf hingewiesen, dass der Assyrerkönig Assurbanipal sich dessen rühmte, Schriftsteine aus der Zeit vor der Sintflut in seiner Bibliothek zu haben, wenngleich sie für ihn gänzlich unverständlich waren.

[2] Er bezieht sich auf das 4. Buch Esdras, eine spätjüdische Schrift (um 100 n.Chr.), mit der die Pharisäer dieses 400-jährige Schweigen zu begründen suchten. Dieses wurde interessanterweise auch von vielen Christen ernst genommen, *ohne* die „zwischentestamentlichen" Schriften zu verwerfen.

6

Der Anspruch des Henochbuchs ist tatsächlich, dass es von Henoch selbst vor der Flut verfasst worden ist. In seinen prophetischen Perspektiven erstreckt es sich bis zum Weltgericht und der Wiederherstellung aller Dinge. Es überrascht daher nicht, dass es gerade im Buch der Offenbarung mehrere Aussagen gibt, die unmittelbar mit dem Buch Henoch zusammenhängen und darauf zurückzuführen sind. Wenn man darauf aufmerksam geworden ist, findet man im Neuen Testament dutzende Bezüge zu dieser Schrift, und weit über hundert im Alten Testament. Besondere Nähe zu Henoch weist das Buch Daniel auf.

Was das Buch für viele besonders interessant macht, ist der Bericht über die „Wächter", die gefallenen Engel, die sich mit Frauen vermischten und Riesen zeugten. Die „Nephilim" faszinieren, doch darüber hinaus erklärt Henochs Bericht vieles über den zutiefst verdorbenen Zustand der Menschheit und damit über den Grund für die Sintflut. Andere Passagen des Buches mögen verwirrend oder schwer zu verstehen sein, etwa Henochs Darlegungen über die Gesetzmäßigkeiten der Sterne, oder sein Bericht über verschiedene Orte der unsichtbaren Welt und der Abteilungen des Totenreichs. Sein Hauptaugenmerk liegt aber auf einem vor Gott gerechten Leben, dem Messias und dem Gericht. Allein deshalb ist es eine wertvolle Erbauungsschrift, die wir nicht missen sollten.

Ist das Buch Henoch inspiriert und kanonisch? Die Abgrenzung des Kanons war stets eine Entscheidung der Kirchen, und diese haben sich überwiegend dagegen ausgesprochen. Das Neue Testament und der Herr selbst scheinen es nichtsdestotrotz als zuverlässig und zumindest in den Grundaussagen inspiriert angesehen zu haben. Mehr ist dazu nicht zu sagen, ohne sich zu weit aus dem Fenster zu lehnen. Ich selbst kann es nur wärmstens empfehlen, weshalb ich den Text hier nun neu zur Verfügung stelle.

Ich folge der „kritischen Ausgabe" von Dr. Joh. Flemming und Dr. L. Radermacher, die 1901 bei J. C. Hinrichs'sche Buchhandlung, Leipzig, erschienen ist. Die beiden Wissenschaftler haben dabei mehrere äthiopische, griechische und auch lateinische Manuskripte zurate gezogen und eine plausible deutsche Übersetzung angefertigt. Die aramäischen Fragmente aus Qumran lagen ihnen damals begreiflicherweise nicht vor. Den kritischen Apparat und die Fußnoten habe ich weggelassen, die meisten angeführten Parallelstellen zum Alten Testament habe ich übernommen (die Psalmenzählung habe ich gemäß der LXX angepasst, welche die Bibel der frühen Christen war). Hinzugefügt habe ich zahlreiche Bezüge zum Neuen Testament und ein paar erklärende Fußnoten. Dennoch habe ich mich weitestgehend zurückgehalten, das Buch zu kommentieren, um dies dem Leser zu überlassen. Es muss nicht alles verstanden werden. Die Hauptaussagen sind klar und wollen uns zu einem heiligen Leben im Blick auf den Messias, unseren Herrn Jesus Christus, anspornen. Ihm sei deshalb auch alle Ehre, wie es im Anfang war, so auch jetzt und in alle Ewigkeit. Amen.

Alexander Basnar, Krumau im Februar 2024

Einleitung: Segenswort Henochs (Kap 1-5)

1 1 Segenswort Henochs, wie er die Auserwählten und Gerechten segnete, die am Tage der Trübsal vorhanden sein werden, der bestimmt ist, alle Bösen und Gottlosen zu entfernen. (Deut 33,1)

2 Und Henoch hob nun an seinen Spruch und sprach, ein gerechter Mann, dem die Augen von Gott geöffnet waren, dass er das Gesicht des Heiligen in den Himmeln sah, welches mir die Engel zeigten; und von ihnen hörte ich alles und verstand, was ich sah, doch nicht für dieses Geschlecht, sondern für das künftige, ferne. (Num 24, 3.4.15)

3 Von den Auserwählten sprach ich und über sie hob ich an den Spruch: »Der Heilige und Große wird aus seiner Wohnung hervorgehen, (Micha 1,3; Jes 26,21 MT)

4 und der Gott der Welt wird von da auf den Berg Sinai treten und inmitten seiner Heerschaaren erscheinen und in der Stärke seiner Macht vom Himmel sich zeigen. (Deut 33,2; Ps 67,18)

5 Und alle werden sich fürchten, und die Wächter werden beben, und Furcht und gewaltiges Zittern wird sie ergreifen bis an die Enden der Erde. (Dan 4,10.14.20)

6 Und die hochragenden Berge werden erschüttert werden, und die hohen Hügel werden niedrig werden und werden schmelzen wie Wachs vor der Flamme. (Ri 5,5; Ps 96,5; Micha 1,4, Nah 1,5; Hab3,6; Js 2,14; 40,4.64; 2.Petr 3,10)

7 Und die Erde wird bersten und alles was auf der Erde ist wird umkommen, und ein Gericht wird über alle stattfinden und über alle Gerechten. (Jdt 16,15)

8 Den Gerechten aber wird er Frieden schaffen und die Auserwählten behüten, und Gnade wird über ihnen walten, und sie werden alle Gott angehören; es wird ihnen wohl gehen, und sie werden gesegnet sein, und das Licht Gottes wird ihnen leuchten.

9 Und siehe! er ist gekommen mit zehntausend Heiligen, Gericht zu halten über sie, und er wird die Gottlosen verderben und wird alles Fleisch zurechtweisen um alles das, was die Sünder und Gottlosen gegen ihn getan und begangen haben. (Jer 25,31; Dan 7,10; Jud 1,14-15)

2 1 Beobachtet alle Dinge am Himmel, wie die Lichter am Himmel ihre Bahnen nicht ändern, wie alle aufgehen und untergehen, alle genau zu ihrer Zeit, ohne ihre Ordnung zu überschreiten! (Sir 16,16-281, PsSal 18,11-14)

2 Sehet die Erde an und merket auf die Dinge, die auf ihr geschehen vom Anfang bis zum Ende, wie kein Werk Gottes in seinem Erscheinen der Veränderung unterworfen ist!

3 Betrachtet den Sommer und Winter, wie die ganze Erde voll Wasser ist, und Gewölk, Tau und Regen über ihr lagern!

3 1 Beobachtet und sehet alle Bäume, wie sie dürr und all ihrer Blätter beraubt erscheinen, außer vierzehn Bäumen, die ihr Laub nicht verlieren, (sondern) beim alten verharren bis das neue kommt, zwei bis drei Jahre lang.

4 1 Und beobachtet wiederum die Tage des Sommers, wie die Sonne im Anfang derselben über der Erde steht, und ihr sucht dann einen kühlen Ort und Schatten vor der Sonnenhitze, und die Erde ist brennend heiß infolge der Glut, sodass ihr weder auf den Boden noch auf Felsgestein zu treten vermögt wegen ihrer Hitze.

5 1 Beobachtet, wie die Bäume sich mit dem Grün der Blätter bedecken und Frucht tragen, und merket auf alles und erkennet, wie dieses alles für euch gemacht hat, der da ewig lebt;

2 und wie seine Werke vor ihm jedes Jahr geschehen, und alle seine Werke ihm dienen und sich nicht ändern, sondern wie Gott es bestimmt hat, so geschieht alles.

3 Sehet, wie die Meere und Flüsse zusammen ihr Werk vollbringen.

4 Ihr aber habt nicht ausgeharrt und das Gebot des Herrn nicht erfüllt, sondern übertreten und mit stolzen und trotzigen Worten aus dem Munde eurer Unreinheit seine Majestät geschmäht. Ihr Hartherzigen, ihr werdet keinen Frieden haben! (Ps 11,4; Dan 7,8.10.20)

5 Und darum werdet ihr eure Tage verfluchen und der Jahre eures Lebens verlustig gehen, und die Jahre eures Verderbens werden sich mehren in Kraft eines ewigen Fluches, und ihr werdet keine Gnade finden. (Jes 48,21; 57,22)

6 Und in jenen Tagen werdet ihr euren Namen hergeben zu einem ewigen Fluche für alle Gerechten, und sie werden euch Sünder immer verfluchen und bei euch Sündern schwören.

7 Und den Auserwählten wird Licht und Freude und Friede zuteilwerden, und sie werden das Land ererben, euch jedoch, ihr Gottlosen, wird der Fluch treffen. (Ps 36,11; Mat 5,5)

8 Und dann wird den Auserwählten Weisheit verliehen werden, und sie alle werden leben und nicht mehr sündigen,

weder aus Lässigkeit noch aus Übermut, sondern es werden demütig sein, die da Weisheit besitzen. (Num 15,29-30)

9 Sie werden nicht wieder sündigen noch Strafe zu leiden haben ihr ganzes Leben lang und werden nicht sterben durch Plagen und Zorngericht, sondern die Zahl ihrer Lebenstage vollenden, und ihr Leben wird zu (hohem) Alter kommen in Frieden, und der Jahre ihrer Freude werden viele sein in ewiger Wonne und Frieden, alle Tage ihres Lebens.« (Jes 35,10; 51,11; 65,20)

Teil 1: Der Fall der Engel und Henochs Himmelsreisen (Kap 6-36)

Die Verschwörung der Wächter

6 1 Und als die Menschenkinder zahlreich geworden waren, da wurden ihnen in jenen Tagen schöne und liebliche Töchter geboren. (Gen 6,1-4)

2 Und es sahen sie die Engel, die Söhne der Himmel, und sie begehrten ihrer und sprachen untereinander: »Wohlan, wir wollen uns Weiber auswählen aus den Menschenkindern und uns Kinder erzeugen!«

3 Da sprach zu ihnen Semjaza, der ihr Oberster war: »Ich fürchte, ihr dürftet vielleicht keinen Gefallen daran finden, dass diese Tat ausgeführt werde, und ich werde allein für eine große Sünde büßen müssen«.

4 Sie aber antworteten ihm alle: »Wir wollen alle einen Eid schwören und alle einander durch Verwünschung verpflichten, diesen Plan nicht aufzugeben, vielmehr diesen Plan zur Tat werden zu lassen«.

5 Da schwuren sie alle zusammen und verpflichteten einander dazu durch Verwünschungen.

6 Und es waren im ganzen zweihundert, die in den Tagen Jareds auf den Gipfel des Berges Hermon herabstiegen, und sie nannten ihn den Berg Hermon, weil sie auf ihm geschworen und einander durch Verwünschung verpflichtet hatten. (Gen 5,18-20)

7 Und das sind die Namen ihrer Obersten: Semjaza, ihr Oberster, Arakib, Aramiel, Kokabiel, Tamiel, Ramiel, Daniel, Ezegiel, Baraqiel, Asael, Armaros, Batariel, Ananiel, Zaqile, Sampsiel, Satariel, Turiel, Jomiel, Araziel.

8 Das sind ihre Dekarchen.[3]

7 1 Diese und die übrigen alle mit ihnen und sie nahmen sich Weiber, und ein jeder wählte

---

[3] = Oberste über 10

sich eine aus, und sie fingen an zu ihnen hineinzugehen, und sie vermischten sich mit ihnen und lehrten sie Zaubermittel und Beschwörungen und zeigten ihnen das Schneiden der Wurzeln und Hölzer.

2 Und jene wurden schwanger und gebaren mächtige Riesen, deren Länge 3000 Ellen war, (Gen 6,4)

3 welche allen Erwerb der Menschen verzehrten, bis die Menschen sie nicht mehr zu ernähren vermochten.

4 Da wandten sich die Riesen gegen sie selbst, um die Menschen zu fressen.

5 Und sie fingen an sich an den Vögeln und an den Tieren, an dem, was da kriecht und an den Fischen zu versündigen, ja sie fraßen untereinander ihr eigenes Fleisch und tranken das Blut davon.

6 Da klagte die Erde über die Gewalttätigen.

Die große Verderbnis der Menschheit

8 1 Und Azazel lehrte die Menschen Schwerter und Messer, Schilde und Brustpanzer verfertigen, und er zeigte ihnen die Metalle und ihre Bearbeitung, und Armspangen und Schmucksachen, und die Kunst die Augen zu schwärzen und die Verschönerung der Augenbrauen, und das allerkostbarste und auserlesenste Ge-

stein und allerlei Farbtinkturen und die Tauschmittel der Welt.

2 Und es herrschte eine große und allgemeine Gottlosigkeit, und sie hurten und gingen in der Irre und waren verderbt auf allen ihren Wegen. (Gen 6,5.11-13)

3 Amiziras unterrichtete die Beschwörer und Wurzelschneider, Armaros lehrte die Lösung der Beschwörungen, Baraqiel unterrichtete die Sternseher, Kokabiel lehrte die Zeichen, Tamiel lehrte die Sterndeutung und Asdariel den Lauf des Mondes.

4 Und bei ihrer Vernichtung schrien die Menschen, und ihre Stimme drang zum Himmel.

9 1 Da blickten Michael, Uriel, Rafael und Gabriel vom Himmel herab und sahen das viele Blut, das auf der Erde vergossen wurde, und all das Unrecht, das auf der Erde geschah.

2 Und sie sprachen untereinander: »Horch! die Stimme des Wehgeschreis der Menschen! Verödet schreit die Erde, dass es dringt bis zu den Pforten des Himmels.

3 Und jetzt klagen vor euch, den Heiligen des Himmels, die Seelen der Menschen, indem sie sprechen: Bringet

für uns die Rechtssache an den Höchsten.

4 Und sie sprachen zum Herrn der Könige: »Du bist der Herr der Herren, der Gott der Götter, der König der Könige, und der Thron deiner Herrlichkeit besteht durch alle Geschlechter der Welt, und dein Name ist heilig gepriesen und hochgelobt in alle Ewigkeit, gepriesen und hochgelobt bist du.«

5 Du hast alles geschaffen, und die Herrschaft über alles steht bei dir, alles ist vor dir enthüllt und offenbar, du siehst alles, und es gibt nichts, das sich vor dir verbergen könnte.

6 Du hast gesehen, was Azazel getan hat, wie er alle Ungerechtigkeit auf Erden lehrte und die Geheimnisse der Urzeit, die im Himmel bereitet werden, offenbarte;

7 wie den Menschen Kunde brachte Semjaza, dem du die Vollmacht gegeben hast, über seine Genossen zu herrschen.

8 Und sie sind hingegangen zu den Töchtern der Menschen auf Erden, haben bei ihnen geruht, haben sich mit jenen Weibern verunreinigt und ihnen alle Sünden offenbart.

9 Und die Weiber haben Riesen geboren, durch die die ganze Erde voll Blut und Gewalttätigkeit geworden ist.

10 Und nun siehe, die Seelen der Gestorbenen schreien und klagen, dass es bis zu den Pforten des Himmels dringt, und ihr Seufzen ist aufgestiegen und vermag nicht zu entweichen vor dem Angesicht der Gewalttätigkeit, die auf Erden geschieht.

11 Und du weißt alles, ehe es geschieht, du weißt dies und lässt sie gewähren und sagst uns nicht einmal, und was wir mit ihnen um deswillen tun sollen.«

Gottes Gerichtsankündigung und Rettungsplan

10 1 Da sprach der Höchste, der Große und Heilige ließ sich vernehmen und entsandte den Asarjaljor zum Sohne Lamechs:

2 »Geh zu Noah und sage ihm in meinem Namen: Verbirg dich! und offenbare ihm das bevorstehende Ende, denn die ganze Erde wird untergehen und eine Wasserflut wird über die ganze Erde kommen, und es wird untergehen, was auf ihr ist.

3 Und nun belehre ihn, dass er entkomme, und sein Same erhalten bleibe für alle Geschlechter.«

4 Und weiter sprach der Herr zu Rafael gewendet: »Binde den Azazel an Händen und Füßen und wirf ihn in die

Finsternis und öffne die Wüste, die in Dudael ist, und wirf ihn hinein.[4]

5 Und häufe auf ihn raue und spitze Steine und bedecke ihn mit Finsternis, und er soll ewig dort hausen, und bedecke sein Gesicht, dass er das Licht nicht sehe.

6 Und am großen Tage des Gerichtes soll er in die feurige Lohe geworfen werden. (Mat 25,41; Offb 19,20; 20,10.14-15)

7 Und heile die Erde, die die Engel verderbt haben, und zeige an die Heilung der Erde, auf dass sie die Wunde heilen, und nicht alle Menschenkinder umkommen durch das Geheimnis alles dessen, was die Wächter verkündet und ihre Söhne gelehrt haben. (Offb 11,18)

5 Und die ganze Erde ist verderbt worden durch die Lehre der Werke Azazels, und ihm schreibe alle Sünde zu.«

9 Und zu Gabriel sprach der Herr: »Zieh gegen die Bastarde und die Verworfenen und gegen die Hurenkinder und vertilge die Hurenkinder und die Söhne der Wächter unter den Menschen, führe sie heraus und hetze sie aufeinander, dass sie selbst sich im Kampfe vernichten, denn langes Leben ist ihnen nicht bestimmt.

10 Und von allem, worum sie dich bitten werden, und es soll ihren Vätern nichts gewährt werden für sie, dass sie etwa hoffen dürften, ein ewiges Leben zu führen, und dass jeder von ihnen fünfhundert Jahre leben werde«

11 Und zu Michael sprach der Herr: »Geh, binde den Semjaza und die andern, die sich mit den Weibern verbunden haben, um mit ihnen zu verderben in all ihrer Unreinigkeit.

12 Und wenn all ihre Söhne sich gegenseitig erschlagen, und sie den Untergang ihrer Lieblinge gesehen haben werden, so binde sie für siebzig Geschlechter unter die Hügel der Erde bis auf den Tag ihres Gerichts und ihrer Vollendung, bis das Gericht für alle Ewigkeit vollzogen werden wird,

13 Und dann wird man sie abführen in den feurigen Abgrund, in der Qual und im Gefängnis werden sie auf ewig eingeschlossen sein.

14 Und wenn jemand verurteilt und vernichtet werden wird, so wird er von nun an mit ihnen zusammen gefesselt sein bis an das Ende aller Geschlechter.

---

[4] Darum wird der Sündenbock (hebr. „für Azazel" am Versöhnungstag in die Wüste geschickt (Lev 16,10)

15 Und vernichte alle wollüstigen Seelen und die Söhne der Wächter, denn sie haben die Menschen misshandelt.

16 Vertilge alle Gewalttat vom Antlitz der Erde, und jedes Werk der Bosheit soll ein Ende nehmen, und die Pflanze der Gerechtigkeit und Wahrheit soll erscheinen, und sie wird zum Segen gereichen; Werke der Gerechtigkeit und Wahrheit werden mit Freuden auf ewig gepflanzt werden.

17 Und nun werden alle Gerechten entkommen und werden am Leben bleiben, bis sie tausend Kinder gezeugt haben werden, und alle Tage ihrer Jugend und ihres Alters werden sie in Frieden verbringen.

18 Und in jenen Tagen wird die ganze Erde in Gerechtigkeit bebaut werden und wird ganz mit Bäumen bepflanzt und voll Segen sein.

19 Und alle Bäume der Lust wird man auf ihr pflanzen, und man wird Weinstöcke auf ihr pflanzen, und der Weinstock, der auf ihr gepflanzt werden wird, wird Wein in Fülle geben, und von allem Samen, der darauf gesät wird, wird ein Maß tausend bringen, und ein Maß Oliven wird zehn Pressen Öl geben. (Jes 5,10; 65,21; Jer 31,4; Hes 28,26; Amos 9,14)

20 Und du reinige die Erde von aller Gewalttat, von aller Ungerechtigkeit, von aller Sünde, von aller Gottlosigkeit und von aller Unreinigkeit, die auf Erden vorkommt, vertilge sie von der Erde.

21 Und alle Menschenkinder sollen gerecht werden, und alle Völker sollen mich ehren und preisen, und alle werden mich anbeten.

22 Und die Erde wird rein sein von aller Verderbnis und aller Sünde, von allem Strafgericht und von aller Pein, und niemals werde ich wieder (dergleichen) über sie bringen von Geschlecht zu Geschlecht in Ewigkeit.

11 1 Und in jenen Tagen werde ich die himmlischen Schatzkammern des Segens öffnen, um sie auf die Erde, über das Werk und die Arbeit der Menschenkinder herabkommen zu lassen. (Deut 28,12)

2 Und Friede und Wahrheit werden vereint sein für alle Tage der Welt und für alle Geschlechter der Welt.« (Ps 84,11)

Henochs Entrückung und Sendung

12 1 Vor diesen Begebenheiten ward Henoch entrückt, und keines von den Menschenkindern wusste, wohin er entrückt worden war, und wo er sich aufhielt, und was mit ihm geschehen war.

2 Und all sein Tun war mit den Wächtern und Heiligen in seinen Tagen.

3 Und ich, Henoch, pries eben den großen Herrn, und den König der Welt, sehe da riefen mich, Henoch den Schreiber, die Wächter und sprachen zu mir:

4 »Henoch, Schreiber der Gerechtigkeit, geh, verkünde den Wächtern des Himmels, welche den hohen Himmel, die heilige, ewige Stätte verlassen haben, und sich mit Weibern geschändet und getan haben, wie die Menschenkinder tun, und sich Weiber genommen haben und in große Verderbnis auf Erden versunken sind,

5 und Sie werden keinen Frieden, noch Vergebung der Sünden haben.

6 Und weil sie sich über ihre Kinder freuen, sollen sie die Ermordung ihrer Lieblinge sehen und über den Untergang ihrer Kinder klagen; und sie werden immerdar bitten, aber Barmherzigkeit und Friede wird ihnen nicht zu teil werden.«

Das Bittgesuch der Wächter

13 1 Und Henoch ging hin und sagte zu Azazel: »Du wirst keinen Frieden haben, ein gewaltiges Urteil ist über dich ergangen, dich zu fesseln.

2 Milde und Fürbitte wird dir nicht zu teil werden, wegen der Gewalttat, die du gelehrt hast, und wegen all der Werke der Lästerung, Gewalttat und Sünde, die du den Menschen gezeigt hast.«

3 Dann ging ich hin und redete zu ihnen allen zusammen, und sie fürchteten sich alle, Furcht und Zittern ergriff sie.

4 Und sie baten mich, für sie eine Bittschrift zu schreiben, dass ihnen dadurch Vergebung zu teil werde, und ihre Bittschrift hinaufzubringen vor den Herrn des Himmels.

5 Denn sie selbst können von nun an nicht mit ihm reden und auch nicht ihre Augen zum Himmel erheben aus Scham über ihre Sünde, um derentwillen sie verdammt worden sind.

6 Da verfasste ich ihre Bittschrift und das Gnadengesuch für ihren Geist und für ihre einzelnen Taten und um das, was ihr Anliegen war, dass ihnen Verzeihung und Nachsicht dadurch zuteilwerden möchte.

7 Und ich ging hin und setzte mich an die Wasser Dan im Lande Dan, welches rechts südlich von der Westseite des Hermon liegt, und las ihre Bittschrift vor, bis ich einschlief.

8 Und siehe, ein Traum kam über mich, und Gesichte fielen auf mich, und ich sah die Gesichte des Strafgerichts, und eine Stimme erscholl, dass ich zu den Söhnen des Himmels reden und sie schelten sollte.

9 Und als ich aufgewacht war, kam ich zu ihnen, und sie saßen alle beisammen in Ublesjael, welches zwischen dem Libanon und Seneser liegt, trauernd mit verhülltem Gesicht.

10 Und ich erzählte vor ihnen alle Gesichte, die ich im Schlaf gesehen hatte, und fing an, jene Worte der Gerechtigkeit zu verkünden und die Wächter des Himmels zu schelten.

14 1 Dieses Buch ist das Wort der Gerechtigkeit und der Zurechtweisung der Wächter, die von Ewigkeit her sind, wie der Heilige und Große in jenem Gericht befohlen hat.

2 Ich sah in meinem Schlafe, was ich jetzt mit Fleischeszunge verkünde, mit meinem Odem, den der Große den Menschen in den Mund gegeben hat, dadurch miteinander zu reden und mit dem Herzen es zu verstehen.

3 Wie er die Menschen geschaffen und ihnen verliehen hat, das Wort der Erkenntnis zu verstehen, so hat er auch mich geschaffen und mir verliehen, die

Wächter, die Söhne des Himmels zu schelten.

4 Ich habe eure Bitte aufgeschrieben, aber in meinem Gesicht erschien es mir also, dass eure Bitte nicht erfüllt werden wird in alle Ewigkeit, dass das Gericht über euch vollendet ist, und euch nichts gewährt werden wird.

5 Und von nun an werdet ihr nicht mehr zum Himmel aufsteigen bis in alle Ewigkeit, und es ist befohlen worden, auf der Erde euch zu binden für alle alle Tage der Welt.

6 Doch zuvor werdet ihr den Untergang eurer lieben Söhne gesehen und euch ihres Besitzes nicht erfreut haben, sondern sie werden vor euch fallen durch das Schwert.

7 Und eure Bitte für sie wird nicht erfüllt werden und auch nicht für euch, wie ihr auch dabei weint und fleht und doch nicht einmal ein Wort aus der Schrift, die ich geschrieben habe, vorbringt.

8 Und das Gesicht erschien mir folgendermaßen: Siehe, Wolken riefen mich im Gesicht, und Nebel rief mich, und der Lauf der Sterne und die Blitze hießen mich eilen und trieben mich an, und die Winde im Gesicht gaben mir Flügel und hießen mich eilen, und sie hoben mich empor und brachten mich in den Himmel.

9 Und ich ging hinein, bis ich an eine Mauer kam, aus Hagelsteinen erbaut, und Feuerzungen rings herum, und sie fingen an mir Furcht zu machen.

10 Und ich trat ein in den Kreis der Feuerzungen und näherte mich einem großen Hause, das aus Hagelsteinen erbaut war, und die Wände jenes Hauses waren wie Plattenbelag aus Steinen von Hagel, und sein Fußboden war Hagel,

11 seine Decke wie die Bahn der Sterne und wie Blitze; und dazwischen feurige Cherubim, und ihr Himmel gleich Wasser;

12 und flammendes Feuer rings um die Wände, und seine Tür brannte im Feuer.

13 Und ich trat ein in jenes Haus, und es war heiß wie Feuer und kalt wie Schnee; und nichts von Lebensfreude war daselbst; Furcht deckte mich und Zittern ergriff mich,

14 und erschüttert und zitternd fiel ich nieder auf mein Antlitz und schaute im Gesicht: (Hes 1,25; Dan 8,17-18; 10,9; Offb 1,19)

15 Und siehe, da war ein anderes Haus, grösser als dieses, und die Tür ganz geöffnet vor mir; und es war aus Feuerzungen gebaut

16 und in allen Stücken so überschwänglich an Herrlichkeit und Pracht und Größe, dass ich euch von seiner Herrlichkeit und Größe keine Beschreibung geben kann.

17 Sein Fußboden war von Feuer, und höher darüber Blitze und die Bahn der Sterne, und seine Decke flammendes Feuer.

18 Und ich schaute hin und sah darin einen hohen Thron, und sein Aussehen war wie Reif, und sein Umkreis war wie die leuchtende Sonne, und es ertöten Cherubstimmen. (Jes 6; Offb 4,2-5)

19 Und unterhalb des Thrones kamen Ströme flammenden Feuers hervor, und ich vermochte nicht hinzusehen.

20 Und die große Herrlichkeit saß darauf, und ihr Gewand war leuchtender als die Sonne und weißer als aller Schnee. (Offb 1,14-16)

21 Und keiner von den Engeln vermochte in dieses Haus einzutreten und sein Antlitz zu schauen vor Hoheit und Herrlichkeit, und keiner, der dem Fleisch angehört, vermochte ihn zu sehen.

22 Flammendes Feuer war rings um ihn, und ein gewaltiges Feuer stand vor ihm, und keiner von denen, die um ihn waren, näherte sich ihm; zehntausend mal zehntausend waren vor ihm, er aber hatte keinen Rat nötig. (Offb 5,11)

23 Und die Heiligkeiten der Heiligen, die in seiner Nähe waren, entfernten sich nicht bei Nacht und gingen nicht weg von ihm.

24 Und ich war bis dahin wie mit einem Schleier auf meinem Antlitz gewesen, indem ich zitterte, da rief mich der Herr mit eigenem Munde und sprach zu mir: »Tritt heran, Henoch, und höre mein heiliges Wort!«, und er richtete mich auf und brachte mich bis zur Tür, ich aber schlug mein Antlitz zu Boden.

Gottes Gerichtsworte über die Wächter

15 1 Und er hob an und sprach zu mir, und ich hörte auf seine Stimme: »Fürchte dich nicht, Henoch, du gerechter Mann und Schreiber der Gerechtigkeit, tritt heran und höre mein Wort!

2 Und geh hin, sage den Wächtern des Himmels, die dich geschickt haben, für sie zu bitten: Ihr hättet für die Menschen bitten sollen, aber nicht die Menschen für euch.

3 Warum habt ihr den hohen und heiligen, ewigen Himmel verlassen, und bei den Weibern geschlafen und mit den Töchtern der Menschen euch verunreinigt, und habt euch Weiber genommen und wie die Kinder der Erde getan und Riesensöhne erzeugt?

4 Und ihr wart doch heilig, geistig, teilhaftig des ewigen Lebens, und habt euch nun durch das Blut der Weiber verunreinigt und mit dem Blute des Fleisches Kinder gezeugt und nach dem Blute der Menschen begehrt und habt Fleisch und Blut hervorgebracht, wie auch die zu tun pflegen, die da sterblich und vergänglich sind!

5 Darum habe ich ihnen Weiber gegeben, dass sie dieselben besamen und Kinder von ihnen erhalten, auf dass so nichts auf Erden fehle.

6 Ihr aber seid zuvor geistig gewesen, teilhaftig des ewigen, unsterblichen Lebens für alle Geschlechter der Welt.

7 Darum habe ich für euch keine Weiber geschaffen, denn die Geistigen des Himmels haben ihre Wohnung im Himmel (Mat 22,30)

8 Und nun die Riesen, welche von den Geistern und Fleisch gezeugt worden sind, böse Geister werden sie auf Erden genannt werden, und auf der Erde wird ihre Wohnung sein.

9 Böse Geister sind aus den Leibern der Riesen hervorgegangen, weil sie aus den Menschen geschaffen wurden, und von den heiligen Wächtern ihr Anfang und die erste Grundlage stammt. Böse Geister werden sie auf Erden sein und böse Geister genannt werden.

10 Die Geister des Himmels sollen im Himmel ihre Wohnung haben, und die Geister der Erde, die auf Erden geboren wurden, sollen auf Erden ihre Wohnung haben.

11 Und die Geister der Riesen, der Nephilim, die da Gewalttat üben, Vernichtung bringen, darüber her fallen, kämpfen, Zerstörung auf Erden anrichten, und Leid bringen, die nicht die geringste Speise essen, nicht Durst leiden und nicht wahrzunehmen sind.

12 Und diese Geister werden sich gegen die Menschenkinder und gegen die Weiber erheben, denn sie sind von ihnen ausgegangen. (Apg 19,13-16; 1.Kor 11,10)

16 1 Von den Tagen des Mordes und Verderbens und des Todes der Riesen an, da die Geister aus den Seelen ihres Fleisches herausgegangen sind, sollen sie Verderben anrichten ohne Gericht — so sollen sie Verderben anrichten bis auf den Tag der Vollendung des großen Gerichts, an dem der große Weltlauf zu seinem Ende gekommen sein wird an den Wächtern und den Gottlosen.

2 Und nun sprich zu den Wächtern, die dich abgeschickt haben, für sie zu bitten, die vordem im Himmel waren,

3 nun sprich: Ihr seid in dem Himmel gewesen, aber alle verborgenen Dinge waren euch noch nicht offenbart, doch kanntet ihr ein fluchwürdiges Geheimnis und das habt ihr den Weibern in eurer Herzenshärtigkeit erzählt, und durch dieses Geheimnis richten die Weiber und Männer viel Böses auf Erden an.

4 Sage ihnen also: Ihr werdet keinen Frieden haben.«

Henochs Einblicke in verborgene Orte

17 1 Und sie nahmen mich hinweg an einen Ort, wo diejenigen, welche daselbst hausen, wie flammendes Feuer sind, und wann sie wollen, erscheinen sie wie Menschen.

2 Und sie führten mich an den Ort des Sturmwindes und auf einen Berg, dessen höchster Gipfel bis an den Himmel reichte.

3 Und ich sah die Stätten der Lichter und des Donners an den äußersten Enden, in der Tiefe, wo der feurige Bogen und die Pfeile nebst ihrem Köcher und das feurige Schwert und alle Blitze sind. (Deut 32,41; Ps 7,13; Ps 17,15.77; Ps 76,18-19; Ps 143,6; Hab 3,9.11; Klgl 2,4; 3,12-13)

4 Und sie brachten mich bis zu den sogenannten lebendigen Wassern und bis zu dem Feuer des Westens, welches jeden Sonnenuntergang aufnimmt.

5 Und ich kam zu einem Feuerstrome, dessen Feuer wie Wasser dahinfließt, und der sich in das große Meer im Westen ergießt.

6 Und ich sah die großen Ströme und kam bis zu einer großen Finsternis, und ich ging weiter dahin, wohin kein Fleisch wandert.

7 Und ich sah die Berge der winterlichen Finsternisse und den Ort, wohin das Wasser des ganzen Abgrundes sich ergießt,

5 und ich sah die Mündungen aller Ströme der Erde und die Mündung des Abgrundes.

18 1 Und ich sah die Schatzkammern aller Winde und sah, wie er mit ihnen die ganze Schöpfung ausgeschmückt hat, und ich sah die Grundfesten der Erde, (Jer 10,13; 51,16; Hiob 37, 9; Ps 17,16; Ps 81,5; Ps 134, 7; Jes. 24, 18; Jer 31,37; Micha 6)

2 und sah den Eckstein der Erde, und sah die vier Winde, welche die Erde tragen und das Firmament des Himmels. (Hiob 38,6)

3 Und ich sah, wie die Winde die hohe Wölbung des Himmels ausspannen, indem sie zwischen Himmel und Erde stehen, das sind die Säulen des Himmels. (Hiob 26,11)

4 Und ich sah die Winde, welche den Himmel im Kreise drehen, welche die Sonnenscheibe und alle Sterne zum Untergang bringen.

5 Ich sah die Winde über der Erde, welche an den Wolken zu tragen haben, ich sah die Pfade der Engel, ich sah am Ende der Erde das Firmament des Himmels darüber.

6 Und ich ging nach Süden und sah einen Ort, der brannte Tag und Nacht, da wo die sieben Berge aus Edelstein sind, drei nach Osten und drei nach Süden.

7 Und von den nach Osten gelegenen war einer aus farbigem Stein, einer aus Perlstein und einer aus Heilstein, und die nach Süden gelegenen waren aus rotem Gestein.

8 Und der mittlere reichte bis in den Himmel, dem Throne Gottes gleich aus Malachit und die Spitze des Thrones aus Saphir. (Hes 1,26)

9 Und ich sah ein flammendes Feuer und hinter diesen Berge

10 einen Ort, jenseits der großen Erde, daselbst werden die Himmel zusammengetan werden.

11 Und ich sah eine tiefe Kluft bei den Säulen himmlischen Feuers, und ich sah unter ihnen Feuersäulen herab-

fallen, die nach Höhe und Tiefe kein Maß hatten.

12 Und über jene Kluft hinweg sah ich einen Ort, der nicht das Firmament des Himmels über sich noch den festen Grund der Erde unter sich hatte, kein Wasser war auf ihm, und keine Vögel, sondern ein wüster und schrecklicher Ort war es.

13 Daselbst sah ich sieben Sterne wie große brennende Berge und als ich danach fragte,

14 sprach der Engel: »Das ist der Ort, wo Himmel und Erde zu Ende sind, zum Gefängnis ward er bestimmt für die Sterne und die Mächte des Himmels.

15 Und die Sterne, welche über dem Feuer rollen, das sind die, welche den Befehl Gottes übertreten haben vom Anfang ihres Aufganges an, weil sie nicht zu ihrer Zeit hervorkamen.

16 Und, er ward zornig auf sie und band sie bis zur Zeit, dass ihre Sünde abgetan sein wird im Jahre des Geheimnisses.«

19 1 Und Uriel sprach zu mir: »Hier werden die Engel stehen, nachdem sie sich mit den Weibern vermischt haben — und ihre Geister, vielerlei Gestalt annehmend, haben die Menschen geschändet

und werden sie verführen, den Dämonen als Göttern zu opfern — bis auf den Tag des großen Gerichts, an dem sie werden gerichtet werden, so dass es mit ihnen zu Ende sein wird. (Deut 32,17; Ps 105,37; Bar 4,7; 1.Kor 10,19-20)

2 Und ihre Weiber, die die Engel verführten, werden zu Sirenen werden.«

3 Und ich, Henoch, habe allein den Anblick gesehen, die Enden des Alls, und keiner von den Menschen wird sehen, wie ich gesehen habe.

20 1 Das sind die Namen der heiligen Engel, welche Wache halten:

2 Uriel, einer von den heiligen Engeln, nämlich der Engel der Welt und des Tartarus.

3 Rafael, einer der heiligen Engel, der Engel der Geister der Menschen. (Tob 5,4)

4 Raguel, einer der heiligen Engel der Rache nimmt an der Welt der Lichter.

5 Michael, einer der heiligen Engel, nämlich der, welcher über die Besten unter den Menschen, über das Volk, gesetzt ist. (Dan 10,13; 12,1; Offb 12,7)

6 Saraqiel, einer der heiligen Engel, der über die Geister der Menschenkinder gesetzt ist, die gegen die Geister sündigen.

7 Gabriel, einer der heiligen Engel, der über das Paradies, die Schlangen und die Cherubim gesetzt ist. (Dan 9,21; Lk 1,19)

21 1 Und ich ging umher bis zum Chaos,

2 und daselbst sah ich etwas Schreckliches. Ich sah weder Himmel oben, noch Erde unten gegründet, sondern einen Ort, ungestaltet und schrecklich.

3 Und daselbst sah ich sieben Sterne des Himmels an ihm zusammengebunden wie große Berge und im Feuer brennend.

4 Da sprach ich: »Um welcher Sünde willen sind sie gebunden, und weshalb sind sie hierher verstoßen?«

5 Da sagte zu mir Uriel, einer von den heiligen Engeln, der mit mir war, indem er mich führte, und sprach: »Henoch, um wessentwillen fragst du, und um wessentwillen forschest du und trägst Sorge?

6 Die gehören zu den Sternen, welche das Gebot Gottes übertreten haben, und sie sind hier gebunden, bis zehntausend Äonen, die Zahl der Tage ihrer Sünde, zu Ende sind.«

7 Und von da ging ich nach einem anderen Orte, schrecklicher als dieser, und ich sah entsetzliche Dinge: ein mächtiges Feuer war da, das flammte und loderte, und einen Spalt hatte der Ort bis zum Abgrund, angefüllt mit mächtigen Feuersäulen, die man hinabfahren ließ, und ich vermochte weder seine Masse noch seine Größe zu sehen und war nicht imstande sie abzuschätzen.

8 Da sprach ich: » Wie schrecklich ist dieser Ort und peinvoll anzusehen.«

9 Da antwortete mir Uriel, einer der heiligen Engel, der bei mir war, und sprach: »Henoch, warum hast du solche Furcht und Schrecken?«, und ich antwortete: »Wegen dieses entsetzlichen Ortes und vor dem Anblick dieser Pein.«

10 Und er sprach zu mir: »Dieser Ort ist das Gefängnis der Engel, und hier werden sie gefangen gehalten bis in Ewigkeit.« (2.Petr 2,4; Jud 1,6)

22 1 Und von da ging ich nach einem andern Orte, und er zeigte mir im Westen einen großen und hohen Berg und harte Felsen.

2 Und vier hohle Räume waren in ihm, die sehr tief, breit und glatt waren, drei davon finster und einer licht, und eine Wasserquelle in seiner Mitte, und ich sprach: »Wie glatt sind diese Höhlungen und tief und finster zu schauen.«

3 Da antwortete Rafael, einer der heiligen Engel, der bei mir war, und sprach zu mir: »Diese hohlen Räume sind dazu da, dass dahin die Geister der Seelen der Abgeschiedenen zusammen gebracht werden; zu dem Zweck sind sie geschaffen, um in sich alle Seelen der Menschenkinder aufzunehmen.

4 Und diese Räume sind gemacht, um sie daselbst unterzubringen bis zum Tage ihres Gerichtes und bis zu ihrer bestimmten Frist, und diese Frist währt lange bis zu dem großen Gericht über sie.«

5 Ich sah die Geister von Menschenkindern, die verstorben waren, und ihre Stimme drang zum Himmel und klagte.

6 Da fragte ich Rafael, den Engel, der bei mir war, und sprach zu ihm: »Wessen Geist ist das, dessen Stimme so empordringt und Klage erhebt?« (Gen 4,10)

7 Und er antwortete und sprach zu mir also: »Das ist der Geist, der von Abel ausging, welchen sein Bruder Kain tötete, und er erhebt Klage gegen ihn, bis sein Same vertilgt sein wird vom Antlitz der Erde, und aus dem Samen der Menschen sein Same verschwunden sein wird.« (Mat 23,35; Offb 6,9-11)

8 Da fragte ich nach ihm und nach dem Gericht und nach all den Höhlungen: »Warum sind sie getrennt, eine von der anderen?«

9 Und er antwortete und sprach zu mir: »Diese drei sind gemacht, um die Geister der Verstorbenen zu scheiden, und ebenso sind die Seelen der Gerechten abgetrennt, da wo die Quelle des Wassers des Lebens, die lichte, dabei ist. (Lk 16,25-26)

10 Und in gleicher Weise wurde eine Abteilung für die Sünder geschaffen, wenn sie sterben und zur Erde bestattet werden, ohne dass das Gericht bei ihren Lebzeiten über sie gekommen ist.

11 Daselbst werden ihre Seelen für diese große Pein abgesondert bis auf den großen Tag des Gerichts und der Strafe und Pein für die in Ewigkeit Verfluchten, und der Vergeltung für ihre Seelen; daselbst wird er sie binden in Ewigkeit.

12 Und ebenso war eine besondere Abteilung gemacht worden für die Seelen der Klagenden, welche Kunde geben von ihrem Untergang, als sie in den Tagen der Sünder getötet wurden.

13 Und so ist sie auch für die Seelen der Menschen geschaffen worden, die nicht Gerechte, sondern Sünder von vollendeter Bosheit gewesen sein und mit den Frevlern ihr Los teilen werden; ihre Seelen werden nicht getötet werden am

Tage des Gerichtes, aber sie werden auch nicht von hier auferstehen.«

14 Da pries ich den Herrn der Herrlichkeit und sprach: »Gepriesen sei mein Herr, der Herr der Gerechtigkeit, der in Ewigkeit regiert.«

23 1 Und von da ging ich an einen anderen Ort nach Westen hin bis zu den Enden der Erde.

2 Und ich sah ein flammendes Feuer, das lief ohne zu ruhen und abzulassen von seinem Laufe weder bei Tage noch bei Nacht, sondern blieb darin sich gleich.

3 Und ich fragte, indem ich sprach: »Was ist dieses ruhelose Ding da?«

4 Da antwortete mir Raguel, einer von den heiligen Engeln, der bei mir war, und sprach zu mir: »Dieser Feuerlauf, den du nach Westen gerichtet gesehen hast, ist das Feuer, welches alle Lichter des Himmels vertreibt.«

24 1 Und von da ging ich an einen anderen Ort der Erde, und er zeigte mir einen Feuerberg, der in Flammen stand Tag und Nacht;

2 und ich ging darüber hinaus und sah sieben herrliche Berge, jeden vom andern verschieden, und prächtige und schöne Steine, und alle prächtig, und herrlich ihr Anblick und schön von Aussehen; drei von den Bergen gegen Osten, einer dicht bei dem andern, und drei gegen Süden, einer bei dem andern, und tiefe und gewundene Schluchten, keine an die andere stoßend.

3 Und der siebente Berg lag zwischen ihnen, und in ihrer aller Höhe überragte er gleich einem Thronsessel und es umgaben ihn wohlriechende Bäume.

4 Und es war unter ihnen ein Baum, wie ich noch nie einen gerochen hatte, und keiner von diesen noch andere waren so wie er; er verbreitete einen Duft, herrlicher als alle Wohlgerüche, und seine Blätter, seine Blüten und sein Holz welken in Ewigkeit nicht, und seine Frucht ist schön, und seine Frucht gleicht den Trauben der Dattelpalme.

5 Da sprach ich: »O, dieser schöne Baum und herrlich anzusehen, lieblich seine Blätter, und seine Frucht gar ergötzlich für den Blick des Auges!«

6 Da antwortete mir Michael, einer von den heiligen und hehren Engeln, der bei mir war, er der über sie gesetzt war, und sprach zu mir:

25 1 »Henoch, was fragst du mich über den Geruch dieses Baumes, und was forschest du, die Wahrheit zu erfahren?«

2 Da antwortete ich, Henoch, ihm, indem ich sprach: »Von allem wünsche ich Kunde zu erhalten, besonders aber von diesem Baume.

3 Und er antwortete, indem er sprach: »Dieser hohe Berg, den du gesehen hast, dessen Gipfel dem Thron des Herrn gleicht, ist sein Thron, wo der Heilige und der große Herr der Herrlichkeit, der ewige König, sich niederlassen wird, die Erde zu besuchen zum Guten.

4 Und diesen Baum von köstlichem Geruche zu berühren, ist keinem einzigen Sterblichen erlaubt, bis zum großen Gericht, wenn er für alles Vergeltung übt und es zur Vollendung bringt für die Ewigkeit; dann wird dieser den Gerechten und Demütigen übergeben werden.

5 Durch seine Frucht wird den Auserwählten Leben gegeben werden, und er wird nach Norden verpflanzt werden an einen heiligen Ort, bei dem Hause des Herrn, des ewigen Königs. (Offb 22,1-2)

6 Da werden sie sich freuen in Fröhlichkeit und frohlocken, in das Heiligtum werden sie eintreten, den Duft in ihren Gebeinen, und sie werden ein langes Leben auf Erden leben, wie es deine Väter getan haben, und in ihren Tagen wird weder Trauer noch Leid, noch Mühsal noch Plage sie treffen.«

7 Da pries ich Gott der Herrlichkeit, den ewigen König, dass er solches für die gerechten Menschen bereitet hätte und solches geschaffen hätte und verheißen, ihnen zu geben.

26 1 Und von da ging ich nach der Mitte der Erde und sah einen gesegneten und fruchtbaren Ort, wo es Bäume mit immerwährenden Schößlingen gab, die selbst aus dem gefällten Baume sprossten.

2 Und daselbst sah ich einen heiligen Berg, und unterhalb des Berges ein Wasser von Osten her kommend, und sein Lauf nach Süden gerichtet.

3 Und ich sah nach Osten hin einen anderen Berg, der höher war als dieser, und zwischen ihnen eine tiefe, aber nicht breite Schlucht, und auch in ihr floss ein Wasser an dem Berge hin.

4 Und westlich von diesem war ein anderer Berg, der war niedriger als er und hatte keine Höhe, und eine Schlucht war unterhalb desselben zwischen ihnen, und eine andere tiefe und trockene Schlucht am Ende von den dreien.

5 Und alle Schluchten waren tief aber nicht breit, aus hartem Fels und kein Baum war in ihnen gepflanzt.

6 Und ich wunderte mich über das Felsgestein, wunderte mich über die Schlucht und wunderte mich gar sehr.

27 1 Da sprach ich: »Wozu ist dieses gesegnete und ganz mit Bäumen bestandene Land, und diese verfluchte Schlucht dazwischen?«

2 Da antwortete mir Uriel, einer der heiligen Engel, der bei mir war, und sprach zu mir: »Diese verfluchte Schlucht ist für die in Ewigkeit Verfluchten bestimmt; hier werden alle zusammengebracht werden, welche unziemliche Worte gegen den Herrn in ihren Mund nehmen und über seine Herrlichkeit freche Reden führen, hierhin wird man sie zusammenbringen, und hier ist ihr Strafort.

3 In den letzten Tagen wird an ihnen das Schauspiel eines gerechten Gerichtes vor den Gerechten gezeigt werden in Ewigkeit immerdar, da werden die, welche Erbarmen fanden, den Herrn der Herrlichkeit, den ewigen König preisen.

4 Und in den Tagen des Gerichts über jene werden sie ihn preisen für die Barmherzigkeit, wie er ihnen ihr Los zuerteilt hat.«

5 Da pries ich den Herrn der Herrlichkeit, verkündete seine Herrlichkeit und sang Lob, wie es sich für seine Majestät gebührt.

28 1 Und von da ging ich nach Osten, mitten in das Gebirge der Wüste und sah eine öde und einsame Gegend, voller Bäume.

2 Und aus diesem Samen rieselte Wasser von oben her darüber hin —

3 es erschien wie ein reichlicher Wasserlauf, der Wasser spendet — in nordwestlicher Richtung, und von überall her stieg Wasser und Tau auf.

29 1 Und von da ging ich an eine andere Stelle von der Wüste und näherte mich der Ostseite jenes Berges,

2 und daselbst sah ich die Gerichtsbäume, besonders Gefäße, die einen Geruch von Weihrauch und Myrrhen ausströmten) und die Früchte wiederum glichen Nüssen.

30 1 Und ich ging darüber hinaus nach Osten zu, nicht weit und sah einen anderen Ort, eine Schlucht mit Wasser gleich solchem, welches nicht versiegt.

2 Und ich sah einen schönen Baum, der einem Duftbaume von der Art des Mastix glich.

3 Und an den Rändern jener Täler erblickte ich den wohlriechenden Zimt-

baum. Und ich ging darüber hinaus nach Osten zu.

31 1 Und ich sah andere Berge, auf denen Bäume waren, und es kam daraus hervor wie Nektar, was Sarran und Galbanum heißt.

2 Und hinter jenem Berge sah ich einen anderen Berg, darauf waren Aloebäume, und alle Bäume waren voll von Früchten, die der Mandel gleich und hart sind.

3 Und wenn man diese Frucht zerreibt, so übertrifft sie alle Wohlgerüche.

32 1 Und als ich nach diesen Wohlgerüchen gen Norden blickte über die Berge hin, sah ich sieben Berge voll köstlicher Narde, Duftbäumen, Zimt und Pfeffer.

2 Und von da ging ich über den Gipfel jener Berge hinweg weit nach Osten hin und ich schritt über das erythräische Meer hinweg und kam weit weg von ihm und schritt über den Engel Zotiel hinweg.

3 Und ich kam an den Garten der Gerechtigkeit und sah über jene Bäume hinaus noch viele und große Bäume daselbst sprossen, von trefflichem Geruch, groß und von hoher Schönheit und herrlich, und den Baum der Weisheit, durch den die, welche davon essen, großer Weisheit teilhaftig werden.

4 Und er glich dem Johannisbrotbaum, und seine Frucht war wie die Weintraube, ganz vortrefflich, und der Geruch jenes Baumes verbreitete sich und drang weit hin.

5 Da sprach ich: »Wie schön ist dieser Baum, und wie schön und erfreulich ist sein Anblick!«

6 Und es antwortete mir der heilige Engel Rafael, der bei mir war, und sprach zu mir: »Das ist der Baum der Weisheit, von dem dein Urahn und deine Ältermutter, die vor dir waren, gegessen haben, und sie wurden der Weisheit kundig, und ihre Augen wurden aufgetan, und sie erkannten, dass sie nackt waren, und wurden aus dem Garten vertrieben.« (Gen 3)

33 1 Und von da ging ich bis an die Enden der Erde und sah daselbst große Tiere, und jedes war vom andern verschieden, und ebenso Vögel, verschiedenartig nach Gestalt, Schönheit und Stimme, der eine anders als der andere.

2 Und östlich von diesen Tieren sah ich die Enden der Erde, worauf der Himmel ruht, und die Tore des Himmels offen.

3 Und ich sah, wie die Sterne des Himmels herauskamen, und ich zählte die Tore, aus denen sie hervorkamen, und schrieb alle ihre Ausgänge auf für einen jeden einzelnen besonders, nach ihrer Zahl und ihren Namen, nach ihrer Verbindung, ihrer Stellung, ihrer Zeit und ihren Monaten, wie es mir Uriel, der Engel, der mit mir war, zeigte.

4 Alles zeigte er mir und schrieb es mir auf, und auch ihre Namen schrieb er mir auf, ihre Gesetze und ihre Vereinigungen.

34 1 Und von da ging ich gegen Norden an den Enden der Erde und sah daselbst eine großartige und herrliche weise Veranstaltung an den Enden der ganzen Erde.

2 Und ich sah daselbst drei Himmelstore geöffnet am Himmel, aus einem jeden kamen Nordwinde heraus; wenn sie wehen, da gibt es Kälte, Hagel, Reif, Schnee, Tau und Regen.

3 Und aus dem einen Thore blasen sie zum Guten, wenn sie aber durch die beiden anderen Tore blasen, dann geschieht es mit Gewalt und unheilbringend über die Erde hin, und sie blasen mit Gewalt.

35 1 Und von da ging ich gegen Westen an den Enden der Erde und sah daselbst drei offene Himmelstore, wie ich im Osten gesehen hatte, ebenso viel Thore und ebenso viel Ausgänge.

36 1 Und von da ging ich nach Süden an den Enden der Erde und sah daselbst drei offene Himmelstore, und es kamen da heraus der Südwind und Tau und Regen und Wind.

2 Und von da ging ich nach Osten an den Enden des Himmels und sah daselbst die drei östlichen Himmelstore offen und über ihnen kleine Thore.

3 Durch jedes jener kleinen Tore gingen die Sterne des Himmels durch und zogen westwärts auf der Bahn, die ihnen gezeigt war.

4 Und so oft ich das sah, habe ich jedes Mal den Herrn der Herrlichkeit gepriesen und werde ihn preisen, der die großen und herrlichen Wunder vollbracht hat, um seinen Engeln, den Seelen und den Menschen die Größe seines Werkes zu zeigen, dass sie sein Werk, seine ganze Schöpfung preisen, auf dass sie das Werk seiner Macht sehen und das große Werk seiner Hände rühmen und ihn in Ewigkeit preisen.

Teil 2: Das Buch der prophetischen Warnungen und Mahnreden (Kap 37-71)

Die Weisheitsrede

| 37 | 1 Das zweite Gesicht, das er sah, das Gesicht der Weisheit, welches Henoch, der Sohn Jared's, Sohn Malaleels, Sohn Kainan's, Sohn Enos, Sohn Set's, Sohn Adam's sah.

2 Und das ist der Anfang der Weisheitsrede, da ich meine Stimme erhob, zu reden und zu sprechen zu denen, die auf der Erde wohnen.

3 Höret ihr Alten, und sehet ihr Nachgekommenen die heiligen Worte, die ich vor dem Herrn der Geister vortragen will. Was diese Alten betrifft, so wäre es am besten nur zu ihnen zu reden, doch auch den Nachgekommenen wollen wir den Anfang der Weisheit nicht vorenthalten.

4 Bis jetzt ist vor dem Herrn der Geister noch nie die Weisheit verliehen worden, die ich empfangen habe, gemäß meiner Einsicht nach dem Wohlgefallen des Herrn der Geister, von dem mir das Los des ewigen Lebens zuerteilt worden ist.

5 Und es wurden mir zu teil drei Mahnreden, und ich erhob meine Stimme und sprach zu denen, die auf der Erde wohnen.

Erste Mahnrede über Gerechtigkeit und Gericht

| 38 | 1 Erste Mahnrede. Wann die Gemeinde der Gerechten erscheinen wird, und die Sünder wegen ihrer Sünden gerichtet und vom Angesicht der Erde vertrieben werden,

2 und wann die Gerechtigkeit erscheinen wird vor den Augen der Gerechten, deren, als der Auserwählten, Tun dem Herrn der Geister anhängt, und wann das Licht den Gerechten und Auserwählten, die auf der Erde wohnen, erscheinen wird — wo wird dann die Wohnung der Sünder und der Aufenthalt derer sein, die den Herrn der Geister verleugnet haben? Es wäre besser für sie, sie wären nie geboren! (Mat 26,24)

3 Wann die Geheimnisse der Gerechten werden offenbart werden, da werden die Sünder gerichtet, und die Gottlosen aus den Augen der Gerechten und Auserwählten vertrieben werden.

4 Und von nun an werden nicht mehr mächtig und erhaben sein die, welche die Erde besitzen, und sie werden nicht imstande sein, das Antlitz der Heiligen zu schauen, denn das Licht des Herrn der Geister ist erschienen auf dem

Antlitz der Heiligen, Gerechten und Auserwählten.

5 Und die Könige und Mächtigen werden dann zu Grunde gehen und in die Hand der Gerechten und Heiligen gegeben werden.

6 Und von da an wird keiner mehr für sie zum Herrn der Geister um Erbarmen flehen, denn mit ihrem Leben ist es zu Ende.

39 1 Und es wird in diesen Tagen geschehen, dass die Kinder der Auserwählten und Heiligen aus dem hohen Himmel herabsteigen, und ihr Same eins werden wird mit den Menschenkindern.

2 Und in jenen Tagen erhielt Henoch Bücher des Eifers und Zornes und Bücher der Unruhe und Verwirrung. Und Barmherzigkeit wird ihnen nicht widerfahren, sprach der Herr der Geister.

3 Und in jenen Tagen riss mich ein Sturmwind von der Erde hinweg und setzte mich nieder an dem Ende der Himmel.

4 Und daselbst sah ich ein anderes Gesicht: die Wohnungen der Heiligen und die Ruheplätze der Gerechten.

5 Hier sahen meine Augen ihre Wohnungen bei den Engeln seiner Gerechtigkeit und ihre Ruheplätze bei den Heiligen, und sie baten, flehten und beteten für die Menschenkinder, und Gerechtigkeit floss wie Wasser vor ihnen, und Barmherzigkeit wie Tau auf der Erde: so ist es unter ihnen in alle Ewigkeit.

6 Und an jenem Orte sahen meine Augen den Auserwählten der Gerechtigkeit und Treue, und Gerechtigkeit wird in seinen Tagen herrschen, und zahllos wird die Menge der

5 Gerechten und Auserwählten vor ihm sein in alle Ewigkeit. Und ich sah seine Wohnung unter den Fittichen des Herrn der Geister, und alle Gerechten und Auserwählten strahlten vor ihm wie der Glanz des Feuers, und ihr Mund war des Lobes voll, und ihre Lippen priesen den Namen des Herrn der Geister; und die Gerechtigkeit vergeht nicht vor ihm, und das Recht hört nicht auf vor ihm.

8 Dort wünschte ich zu wohnen, und mein Geist trug Verlangen nach jener Wohnung, daselbst ist mir ein Anteil schon zuvor ausgemacht worden, denn so war es über mich bestimmt vor dem Herrn der Geister.

9 Und in jenen Tagen pries und erhob ich den Namen des Herrn mit Lob und Preis, weil er zu segnen und rühmen mich verpflichtet hat, nach dem Wohlgefallen des Herrn der Geister.

10 Und lange schauten meine Augen auf jenen Ort, und ich pries und lobte ihn, indem ich sprach: »Preis ihm, und gepriesen sei er von Anfang bis in Ewigkeit.

11 Vor ihm gibt es kein Aufhören, er weiß, was ewig ist, bevor die Welt geschaffen wurde, und was sein wird von Geschlecht zu Geschlecht.

12 Dich preisen die, welche nicht schlafen, und sie stehen vor deiner Herrlichkeit, preisen, lobsingen und erheben, indem sie sprechen: Heilig, heilig, heilig ist der Herr der Geister, er erfüllt die Erde mit Geistern.«

13 Und hier sahen meine Augen alle die, welche nicht schlafen, wie sie vor ihm standen, lobsangen und sprachen: »Gepriesen seist du, und gepriesen sei der Name des Herrn in alle Ewigkeit.«

14 Und mein Gesicht wendete sich ab, weil ich nicht mehr sehen konnte.

40 1 Und danach sah ich tausend mal tausend und zehntausend mal zehntausend, unzählige und unberechenbar viele, die vor dem Herrn der Geister standen.

2 Ich sah und erblickte zu den vier Seiten des Herrn der Geister vier Gesichter, verschieden von denen, die nicht schlafen, und ich erfuhr ihre Namen, denn der Engel, der mit mir gekommen war, tat mir ihre Namen kund und zeigte mir alle Geheimnisse.

3 Und ich hörte die Stimme dieser vier Gesichter, wie sie vor dem Herrn der Herrlichkeit lobsangen.

4 Die erste Stimme verkündet den Preis des Herrn der Geister immerdar.

5 Und die zweite Stimme hörte ich den Auserwählten und die Auserwählten preisen, die dem Herrn der Geister anhängen.

6 Und die dritte Stimme hörte ich bitten und beten für die, welche auf Erden wohnen, und flehen im Namen des Herrn der Geister.

7 Und die vierte Stimme hörte ich, wie sie die Satane fortwies und ihnen nicht erlaubte, zum Herrn der Geister heranzutreten, um die, welche auf Erden wohnen, zu verklagen. (Offb 12,10)

8 Und danach fragte ich den Engel des Friedens, der mit mir ging, der mir alles Verborgene gezeigt hatte: »Wer sind diese vier Gesichter, die ich gesehen habe, deren Rede ich vernommen und niedergeschrieben habe?«

9 Und er sprach zu mir: »Der erste da ist Michael, der barmherzige und langmütige, der zweite, der über alle Krankheiten und über alle Wunden der Menschenkinder gesetzt ist, ist Rafael,

und der dritte, der über alle Mächte waltet, ist Gabriel, und der vierte, der über die Reue, zur Hoffnung derer, die das ewige Leben erben sollen, gesetzt ist, heißt Fanuel«. *(Mat 19,29)*

10 Und das sind die vier Engel des Herrn der Geister, und die vier Stimmen hörte ich in jenen Tagen.

41 1 Und danach sah ich alle Geheimnisse der Himmel, und wie das Reich verteilt wird, und wie die Taten der Menschen auf der Wage gewogen werden.

2 Daselbst sah ich die Wohnungen der Auserwählten und die Wohnungen der Heiligen, und meine Augen sahen dort, wie alle Sünder von da vertrieben und weggeschleppt werden, die den Namen des Herrn der Geister verleugnen, und ihres Bleibens nicht ist infolge der Strafe, die vom Herrn der Geister ausgeht.

3 Und daselbst sahen meine Augen die Geheimnisse der Blitze und des Donners und die Geheimnisse der Winde, wie sie verteilt werden, um über die Erde zu wehen, und die Geheimnisse der Wolken und des Taus, und daselbst sah ich, von wo sie ausgehen an selbigem Orte, und wie von da aus der Staub der Erde gesättigt wird.

4 Daselbst sah ich verschlossene Kammern, und aus ihnen werden die Winde verteilt: die Schatzkammer des Hagels und Windes, und die Schatzkammer des Nebels und der Wolken, und eine Wolke daraus lagert über der Erde von der Urzeit an.

5 Und ich sah die Kammern der Sonne und des Mondes, von wo sie ausgehen und wohin sie zurückkehren, und herrlich ist ihre Rückkehr, und wie das eine prächtiger ist als das andere, und stattlich ihre Bahn, und wie sie nicht aus ihrer Bahn weichen, weder etwas hinzufügen, noch etwas weglassen von ihrer Bahn und einander die Treue bewahren, indem sie bei ihrem Schwur bleiben.

6 Und zuerst geht die Sonne hervor und macht ihren Weg auf den Befehl des Herrn der Geister, und sein Name wird dauern in alle Ewigkeit.

7 Und danach beginnt der unsichtbare und der sichtbare Weg des Mondes: er legt den Lauf seines Weges an jenem Orte bei Tag und bei Nacht zurück. Eins steht dem andern gegenüber vor dem Herrn der Geister, und sie danken und preisen ohne zu ruhen, denn ihr Danken ist für sie Ruhe.

8 Denn die Sonne macht viele Umläufe zum Segen und zum Fluche, und der Weg des Mondlaufes ist Licht für die Gerechten und Finsternis für die Sünder in dem Namen des Herrn, der

eine Scheidung gemacht hat zwischen Licht und Finsternis, und die Geister der Menschen geteilt und die Geister der Gerechten fest gegründet hat in den Namen seiner Gerechtigkeit.

9 Denn kein Engel hindert sie, und keine Macht vermag sie aufzuhalten, weil der Lenker auf alle sieht und sie alle lenkt vor seinem Angesicht.

42 1 Die Weisheit fand keinen Platz, wo sie wohnen konnte, da ward ihr eine Wohnung in den Himmeln zu teil.

2 Die Weisheit ging aus, um bei den Menschenkindern Wohnung zu nehmen, aber sie fand keine Wohnung; da kehrte die Weisheit zurück an ihren Ort und nahm ihren Sitz bei den Engeln.

3 Und die Ungerechtigkeit kam hervor aus ihren Kammern, fand, die sie nicht gesucht hatte, und wohnte bei ihnen, wie der Regen in der Wüste und der Tau auf durstigem Erdreich.

43 1 Und ich sah abermals Blitze und die Sterne des Himmels, und ich sah, wie er sie bei Namen rief, und sie ihn hörten.

2 Und ich sah die gerechte Wage, wie sie darauf gewogen werden, nach ihren Lichtmengen, der Weite ihrer Räume und dem Tage ihres Aufgangs, und wie ihr Umlauf den Blitz erzeugt, und (ich sah) ihren Umlauf nach der Zahl der Engel und wie sie sich untereinander die Treue halten.

3 Und ich fragte den Engel, der mit mir ging, der mir das Verborgene gezeigt hatte: »Was sind diese?«

4 Und er sprach zu mir: »Ein Gleichnis hat der Herr der Geister dir mit ihnen gezeigt; das sind die Namen der Heiligen, die auf Erden wohnen und an den Namen des Herrn der Geister immerdar glauben.«

44 1 Und noch anderes sah ich in betreff der Blitze, wie einige von den Sternen sich erheben und zu Blitzen werden und nun ihre neue Gestalt nicht mehr zu verlassen vermögen.

Zweite Mahnrede über die Gottesleugner

45 1 Und das ist die zweite Mahnrede über die, welche den Namen der Wohnung der Heiligen und den Herrn der Geister verleugnen.

2 Sie werden weder zum Himmel aufsteigen noch auf die Erde kommen. So wird das Los der Sünder sein, die den Namen des Herrn der Geister verleugnet haben, die also für den Tag des Leidens und der Trübsal aufbewahrt werden.

3 An jenem Tage wird mein Auserwählter auf dem Throne sitzen und Auswahl treffen unter ihren Werken, und ihre Wohnungen werden zahllos sein; und ihre Seele wird in ihrem Innern erstarken, wenn sie meine Auserwählten sehen werden, und die, welche meinen herrlichen Namen angefleht haben. (Mat 25,31-32; Joh 14,2)

4 An jenem Tage werde ich meinen Auserwählten unter ihnen wohnen lassen, und werde den Himmel umwandeln und zum Segen und Licht auf ewig machen.

5 Und ich werde die Erde umwandeln und werde sie zum Segen machen und werde meine Auserwählten auf ihr wohnen lassen, aber die, welche Sünde und Missetat begehen, sollen sie nicht betreten.

6 Denn ich habe meine Gerechten gesehen und sie mit Heil gesättigt und habe ihnen vor mir Wohnung gegeben; für die Sünder aber steht bei mir das Gericht bevor, dass ich sie vom Angesicht der Erde vertilge.

46 1 Und daselbst sah ich einen, der hatte betagtes Haupt und sein Haupt war weiß wie Wolle, und bei ihm war ein anderer, dessen Gestalt hatte das Aussehen eines Menschen, und sein Antlitz war voll Anmut gleich dem eines heiligen Engels.

2 Und ich fragte den Engel, der mit mir ging und mir alle Geheimnisse zeigte, nach jenem Menschensohne, wer er wäre und woher er wäre, warum er mit dem betagten Haupte ginge. (Dan 7,13)

3 Und er antwortete und sprach zu mir: »Dies ist der Menschensohn, der die Gerechtigkeit hat, und bei dem die Gerechtigkeit wohnt, und der alle Schätze des Verborgenen offenbart, weil der Herr der Geister ihn auserwählt hat, und dessen Los vor dem Herrn der Geister den Sieg davongetragen hat durch Gerechtigkeit in Ewigkeit.

4 Und dieser Menschensohn, den du gesehen hast, wird die Könige und die Mächtigen aufscheuchen von ihren Lagern und die Gewaltigen von ihren Sitzen, und er wird die Zäume der Gewaltigen lösen und die Zähne der Sünder zermalmen.

5 Und er wird die Könige von ihren Thronen und aus ihren Reichen stoßen, weil sie ihn nicht erheben und ihn nicht preisen, noch dankbaren Sinnes anerkennen, woher ihnen das Reich verliehen worden ist. (Lk 1,52)

6 Das Angesicht der Gewaltigen wird er verstoßen, und Scham wird sie erfüllen, Finsternis wird ihre Wohnung sein, und Würmer werden ihnen zum Lager die-

nen, und sie werden nicht hoffen dürfen, von ihrem Lager aufzustehen, weil sie den Namen des Herrn der Geister nicht erheben.

7 Und das sind die, welche die Sterne des Himmels richten und ihre Hand gegen den Höchsten erheben und die Erde niedertreten und darauf wohnen, und all ihre Handlungen tragen Ungerechtigkeit zur Schau, und all ihre Handlungen sind Ungerechtigkeit, und ihre Macht beruht auf ihrem Reichtum, und ihr Glaube gehört den Göttern, die sie mit Händen gemacht haben; und sie verleugnen den Namen des Herrn der Geister,

8 und verfolgen seine Versammlungshäuser und die Gläubigen, die dem Namen des Herrn der Geister anhängen.«

47 1 Und in jenen Tagen wird das Gebet der Gerechten und das Blut des Gerechten von der Erde aufgestiegen sein vor den Herrn der Geister. (Offb 8,3-4)

2 In diesen Tagen werden die Heiligen, die hoch in den Himmeln wohnen, vereint mit einer Stimme flehen, beten, rühmen, danken und preisen den Namen des Herrn der Geister wegen des Blutes der Gerechten, das vergossen worden ist, und wegen des Gebetes der Gerechten, dass es nicht vergeblich sein möge, vor dem Herrn der Geister, dass

ihnen Recht geschafft werde, und sie nicht ewig sich zu gedulden haben. (Offb 6,9-11)

3 In jenen Tagen sah ich das betagte Haupt, als es sich auf den Thron seiner Herrlichkeit setzte, und die Bücher der Lebendigen vor ihm aufgeschlagen wurden, und sein ganzes Heer, das hoch oben in den Himmeln ist, und seine Ratsversammlung vor ihm standen.

4 Und das Herz der Heiligen wurde voll Freude, dass die Zahl der Gerechtigkeit bald erreicht, das Gebet der Gerechten erhört, und das Blut der Gerechten vor dem Herrn der Geister gerächt worden sei.

48 1 Und an jenem Orte sah ich die Quelle der Gerechtigkeit, die war unerschöpflich, und rings herum umgaben sie viele Quellen der Weisheit, und alle Durstigen tranken aus ihnen und wurden voll Weisheit, und sie hatten ihre Wohnungen bei den Gerechten und Heiligen und Auserwählten. (Joh 4,14)

2 Und in jener Stunde wurde jener Menschensohn in Gegenwart des Herrn der Geister genannt, und sein Name vor dem betagten Haupte.

3 Und bevor die Sonne und die Zeichen geschaffen wurden, bevor die Sterne des Himmels gemacht waren, ist sein

Name vor dem Herrn der Geister genannt worden.

4 Er wird für die Gerechten ein Stab sein, dass sie sich auf ihn stützen und nicht fallen; er wird das Licht der Völker sein und die Hoffnung derer, welche Kummer in ihrem Herzen tragen. (Jes 42,6)

5 Es werden niederfallen und anbeten vor ihm alle, die auf Erden wohnen, und sie werden preisen, rühmen und lobsingen dem Herrn der Geister.

6 Und darum ist er auserwählt und verborgen worden vor ihm, ehe die Welt geschaffen wurde und bis in Ewigkeit. (1.Petr 1,20)

7 Und die Weisheit des Herrn der Geister hat ihn den Heiligen und Gerechten offenbart, denn er hat das Los der Gerechten bewahrt, weil sie diese Welt der Ungerechtigkeit gehasst und verachtet haben und all ihr Werk und ihre Wege im Namen des Herrn der Geister gehasst haben, denn in seinem Namen werden sie errettet, und er wird der Rächer für ihr Leben. (Apg 4,12; Röm 10,13)

8 Und in jenen Tagen werden die Könige der Erde und die Mächtigen, die das Erdreich besitzen, zu solchen geworden sein, die den Blick zu Boden schlagen um des Werkes ihrer Hände

willen, denn am Tage ihrer Angst und Not werden sie nicht ihre Seele retten.

9 Und ich werde sie in die Hand meiner Auserwählten geben, wie Stroh im Feuer und wie Blei im Wasser, so werden sie vor dem Angesicht der Heiligen brennen und vor dem Angesicht der Gerechten untersinken, und keine Spur mehr wird von ihnen zu finden sein.

10 Und an dem Tage ihrer Not wird auf Erden Ruhe werden, und sie werden vor ihnen fallen und sich nicht wieder erheben, und niemand wird da sein, der sie mit seiner Hand erfasste und sie aufhöbe, denn sie haben den Herrn der Geister und seinen Gesalbten verleugnet. Und der Name des Herrn der Geister sei gepriesen.

49 1 Denn Weisheit ist ausgegossen wie Wasser, und Herrlichkeit hört vor ihm nicht auf in alle Ewigkeit.

2 Denn er ist mächtig in allen Geheimnissen der Gerechtigkeit, und Ungerechtigkeit wird wie ein Schatten vergehen und keinen Bestand haben; denn der Auserwählte ist aufgestanden vor dem Herrn der Geister, und seine Herrlichkeit währt von Ewigkeit zu Ewigkeit, und seine Macht von Geschlecht zu Geschlecht.

3 Und in ihm wohnt der Geist der Weisheit, und der Geist, der Einsicht

verleiht, der Geist der Lehre und Kraft, und der Geist derer, die in Gerechtigkeit entschlafen sind. (Jes 11,2)

4 Und er wird das Verborgene richten, und niemand wird unnütze Reden vor ihm führen können, denn er ist der Auserwählte vor dem Herrn der Geister, nach seinem Wohlgefallen. (Mat 12,36)

50

1 Und in jenen Tagen wird eine Wandelung stattfinden für die Heiligen und Auserwählten: das Licht der Tage wird über ihnen wohnen, und Herrlichkeit und Ehre wird den Heiligen sich zukehren.

2 Und an dem Tage der Not, da das Unheil auf die Sünder gehäuft sein wird, werden die Gerechten den Sieg davontragen im Namen des Herrn der Geister, und er wird es den anderen zeigen, dass sie Busse tun und von dem Thun ihrer Hände lassen.

3 Und sie werden keine Ehre haben im Namen des Herrn der Geister, aber in seinem Namen werden sie errettet werden, und der Herr der Geister wird sich ihrer erbarmen, denn seine Barmherzigkeit ist groß.

4 Und er ist gerecht in seinem Gericht, und angesichts seiner Herrlichkeit wird auch die Ungerechtigkeit nicht in seinem Gericht bestehen: wer nicht Busse tut vor ihm, wird untergehen.

5 Und von nun an will ich kein Erbarmen mehr mit ihnen haben, spricht der Herr der Geister.

51

1 Und in jenen Tagen wird auch die Erde das ihr Anvertraute wiedergeben, und die Unterwelt wird zurückgeben, was sie empfangen hat, und die Hölle wird herausgeben, was sie schuldig ist.

2 Und er wird die Gerechten und Heiligen unter ihnen auswählen, denn der Tag ist herangekommen, dass sie gerettet werden sollen.

3 Und der Auserwählte wird in jenen Tagen auf meinem Throne sitzen, und alle Geheimnisse der Weisheit werden den Gedanken seines Mundes entströmen, denn der Herr der Geister hat es ihm gegeben und hat ihn verherrlicht.

4 In jenen Tagen werden die Berge wie Böcke springen, und die Hügel wie Lämmer hüpfen, die mit Milch gesättigt sind; und alle werden zu Engeln im Himmel werden, (Ps 113,4.6; Mat 22,30)

5 Und ihr Antlitz wird vor Freude leuchten, weil in jenen Tagen der Auserwählte aufgestanden[5] ist, und die Erde wird sich freuen, und die Gerech-

---

[5] oder auferstanden?

ten werden auf ihr wohnen, und die Auserwählten auf ihr gehen und wandeln. (Ps 36,29; Joh 16,22)

52 1 Und nach jenen Tagen, an jenem Orte, wo ich alle Gesichte dessen, was im Verborgenen ist, gesehen hatte, — ich ward nämlich im Wirbelwind hinweggerissen und man brachte mich nach Westen —

2 dort sahen meine Augen alle verborgenen Dinge des Himmels, die noch sein werden, einen Berg von Eisen und einen von Kupfer und einen von Silber und einen von. Gold, einen von Zinn und einen von Blei.

3 Und ich fragte den Engel, der mit mir ging, indem ich sprach: »Was sind das für Dinge da, die ich im Verborgenen gesehen habe?«

4 Und er sprach zu mir: »Dies alles, was du gesehen hast, dient der Herrschaft seines Gesalbten, auf dass er stark und mächtig auf Erden sei.«

5 Und es antwortete jener Engel des Friedens, indem er zu mir sprach: »Warte ein wenig, so wird dir alles Verborgene, was der Herr der Geister umschlossen hält, offenbart werden.

6 Und jene Berge, die deine Augen gesehen haben, der Berg von Eisen und der von Kupfer, der von Silber und der von Gold, der von Zinn und der von Blei, diese alle werden vor dem Auserwählten wie Wachs vor dem Feuer sein und wie Wasser, welches von oben her über jene Berge herabläuft; und sie werden schwach sein vor seinen Füßen. (Micha 1,4)

7 Und in jenen Tagen wird keiner sich retten, weder durch Gold noch durch Silber, und keiner wird entfliehen können. (Zeph 1,18)

8 Und es wird kein Eisen mehr für den Krieg geben, und kein Zeug zum Brustpanzer, Erz wird nutzlos sein, und Zinn wird nutzlos sein und nichts gelten, und Blei nicht begehrt werden.

9 Alle diese Dinge werden verschwinden und vom Antlitz der Erde vertilgt werden, wenn der Auserwählte vor dem Angesicht des Herrn der Geister erscheinen wird.«

53 1 Und daselbst sahen meine Augen ein tiefes Tal mit weit geöffneten Schlünden, und alle, die auf der Erde, auf dem Meere und auf den Inseln wohnen, werden ihm Gaben, Geschenke und Huldigungszeichen bringen, aber dieses tiefe Tal wird nicht voll werden.

2 Und ihre Hände begehen Frevel, und alles, worum die Gerechten sich mühen, das fressen die Sünder in frevelhafter Weise auf, und so werden die

Sünder vor dem Angesicht des Herrn der Geister vertilgt und von seiner Erde hinweggetrieben werden unaufhörlich, immer und ewig.

3 Denn ich sah alle Strafengel sich niederlassen und alle Werkzeuge des Satans in Bereitschaft setzen.

4 Und ich fragte den Engel des Friedens, der mit mir ging: »Für wen machen sie diese Werkzeuge bereit?«

5 Und er sprach zu mir: »Die machen sie zurecht für die Könige und Mächtigen dieser Erde, dass sie damit vernichtet werden.

6 Und darnach wird der Gerechte und Auserwählte das Haus seiner Gemeindeversammlung erscheinen lassen; von nun an wird sie nicht mehr gehindert werden im Schutze des Namens des Herrn der Geister.

7 Und diese Berge werden vor seiner Gerechtigkeit nicht fest wie die Erde sein, und die Hügel werden wie ein Wasserquell sein, und die Gerechten werden Ruhe haben vor der Bedrückung der Sünder.«

54 1 Und ich blickte auf und wandte mich nach einer anderen Seite der Erde, und ich sah daselbst ein tiefes Tal mit einem flammenden Feuer.

2 Und man brachte die Könige und Mächtigen und warf sie in dieses tiefe Tal.

3 Und daselbst sahen meine Augen, wie man verfertigte, was zu ihren Folterwerkzeugen gehört: eiserne Ketten von unermesslichem Gewicht.

4 Und ich fragte den Engel des Friedens, der mit mir ging, indem ich sprach: »Für wen werden diese Folterketten bereitet?«

5 Und er sprach zu mir: »Diese werden für das Heer Azazels bereitet, um sie zu nehmen und in die äußerste Verdammnis zu werfen, und mit rauen Steinen ihre Kinnbacken zu bedecken, wie der Herr der Geister befohlen hat.

6 Und Michael, Gabriel, Rafael und Fanuel, die werden sie an jenem großen Tage packen und sie an jenem Tage in den brennenden Ofen werfen, damit der Herr der Geister an ihnen Rache nehme für ihre Ungerechtigkeit, dafür dass sie Satan untertan geworden sind und die Erdenbewohner verführt haben.«

7 Und in jenen Tagen wird das Strafgericht des Herrn der Geister anbrechen und wird alle Behälter der Wasser öffnen, die oben in den Himmeln sind, und der Quellen, die unter den Himmeln und derer, die unter der Erde sind.

8 Und alles wird sich vereinigen, Wasser mit Wasser; das welches oben in den Himmeln ist, ist männlich, und das Wasser, welches unter der Erde ist, ist weiblich.

9 Und alle, die auf Erden wohnen und unter den Enden des Himmels hausen, werden vernichtet werden.

10 Und dadurch werden sie dann ihr Unrecht erkennen, das sie auf Erden begangen haben, und durch dasselbe werden sie zu Grunde gehen.

55 1 Und darnach reute es das betagte Haupt und es sprach: »Umsonst habe ich alle vernichtet, die auf der Erde wohnen.«

2 Und er schwur bei seinem großen Namen: »Von nun an werde ich nicht wieder allen, die auf Erden wohnen also tun, und ich will ein Zeichen an die Himmel setzen, und es soll zwischen mir und zwischen euch ein Unterpfand der Treue sein auf ewig, solange der Himmel über der Erde ist.«

3 »Und dies geschieht auf meinen Befehl; wenn ich gewünscht habe, sie durch die Hand der Engel zu packen am Tage der Not und Trübsal angesichts dieses meines Zornes und meines Strafgerichts, so werde ich auch meinen Zorn und mein Strafgericht auf ihnen bleiben lassen«, spricht Gott, der Herr der Geister.

4 »Ihr mächtigen Könige, die ihr auf Erden wohnet, ihr sollt meinen Auserwählten sehen, wie er auf dem Throne der Herrlichkeit sitzt und den Azazel und seine ganze Sippschaft und sein ganzes Heer richtet im Namen des Herrn der Geister.«

56 1 Und ich sah daselbst die Heerscharen der Strafengel, wie sie gingen und Ruten und Fesseln von Erz und Eisen hielten.

2 Und ich fragte den Engel des Friedens, der mit mir ging, indem ich sprach: »Zu wem gehen die, welche die Ruten halten?«

3 Und er sprach zu mir: »Zu ihren Auserwählten und ihren Geliebten, dass sie in die tiefe Kluft des Tales geworfen werden.

4 Und dann wird jenes Tal sich füllen mit ihren Auserwählten und Geliebten, und der Tag ihres Lebens wird zu Ende sein, und der Tag ihrer Verirrung wird von nun an nicht mehr gezählt werden.«

5 Und in jenen Tagen werden die Engel sich wenden und sich gen Osten auf die Parther und Meder stürzen; die Könige werden sie erregen, so dass der Geist des Aufruhrs über sie kommt, und werden sie aufjagen von ihren Thronen, dass sie wie Löwen aus ihren Lagern

hervorbrechen und wie hungrige Wölfe
mitten unter ihre Herde.

6 Und sie werden heraufziehen und das
Land seiner Auserwählten niedertreten,
und das Land seiner Auserwählten wird
vor ihnen zur Dreschtenne und zur
Landstraße werden.

7 Aber die Stadt meiner Gerechten wird
ein Hindernis für ihre Rosse sein, und
sie werden untereinander Kampf erheben, und ihre Rechte wird gegen sie
selbst gewalttätig sein, nicht wird einer
seinen Bruder kennen, noch der Sohn
seinen Vater und seine Mutter, bis die
Zahl der Leichen voll ist infolge ihres
Sterbens, und das Strafgericht über sie
soll nicht vergeblich sein.

8 Und in jenen Tagen wird das Totenreich seinen Rachen öffnen, so dass sie
in dasselbe hinabsinken, und ihrer Vernichtung ist freier Lauf gelassen; das
Totenreich wird die Sünder verschlingen vor dem Angesicht der Auserwählten. (Jes 5,14)

57 1 Und es geschah darnach,
dass ich ein anderes Heer
von Wagen sah, auf denen
Menschen fuhren und wie auf Windesflügeln von Osten nach Westen zum
Süden kamen.

2 Und man hörte das Rollen ihrer
Wagen, und als dieses Getümmel sich
erhob, bemerkten es die Heiligen vom
Himmel, und die Säulen der Erde bewegten sich von ihrem Platze, und man
hörte es von einem Ende des Himmels
bis zum andern während eines Tages.

3 Und sie werden alle niederfallen und
den Herrn der Geister anbeten. Und
das ist das Ende der zweiten Mahnrede.

*Dritte Mahnrede über die Gerechten und
Auserwählten*

58 1 Und ich begann die dritte
Mahnrede zu halten über den
Gerechten und die Auserwählten.

2 Selig seid ihr Gerechten und Auserwählten, denn herrlich wird euer Los
sein.

3 Und die Gerechten werden im Lichte
der Sonne, und die Auserwählten im
Lichte des ewigen Lebens sein; und die
Tage ihres Lebens haben kein Ende,
und die Tage der Heiligen sind ohne
Zahl.

4 Und sie werden das Licht suchen und
Gerechtigkeit finden bei dem Herrn der
Geister. Heil den Gerechten im Namen
des Herrn der Welt!

5 Und darnach wird den Heiligen im
Himmel aufgetragen werden, dass sie
die Geheimnisse der Gerechtigkeit, das
Los der Treue, suchen sollen, denn es
ist sonnenhell geworden auf Erden,
und die Finsternis ist vergangen.

6 Und unaufhörliches Licht wird sein, und bis zu einer Grenze der Tage werden sie nicht kommen, denn zuvor ist die Finsternis vernichtet worden, und das Licht wird bleiben vor dem Herrn der Geister, und das Licht der Rechtschaffenheit wird in Ewigkeit bleiben vor dem Herrn der Geister.

59 1 In jenen Tagen sahen meine Augen die Geheimnisse der Blitze und Lichter und ihre Rechtsordnung; sie blitzen zum Segen oder zum Fluch, wie der Herr der Geister es will.

2 Und daselbst sah ich die Geheimnisse der Donner, und wie es ist, wenn es hoch oben im Himmel schmettert, und ihr Schall sich hören lässt; und die Wohnplätze der Erde ließ er mir erscheinen samt dem Schall des Donners, sei es zum Heil und Segen, sei es zum Fluche, nach dem Worte des Herrn der Geister.

3 Und darnach wurden mir alle Geheimnisse der Lichter und der Blitze gezeigt, wie sie zum Segen und zur Sättigung blitzen.

60 1 Im Jahre fünfhundert, im siebenten Monat am vierzehnten Tage des Monats im Leben Noahs. In jenem Bilde sah ich, wie ein gewaltiges Beben den Himmel der Himmel erbeben ließ, und wie das Heer des Höchsten und die Engel, tausend mal tausend und zehntausend mal zehntausend, erschüttert wurden in heftiger Erschütterung.

2 Und wie das betagte Haupt auf dem Throne seiner Herrlichkeit saß, und die Engel und Gerechten im Kreise um ihn herum standen.

3 Und mich erfasste ein gewaltiges Zittern, und Furcht ergriff mich, meine Hüften lösten sich, und meine Nieren schmolzen dahin, und ich fiel auf mein Antlitz.

4 Da sandte Michael einen andern Engel aus der Zahl der Heiligen, und er hob mich auf, und als er mich aufgerichtet hatte, kehrte mein Geist zurück, denn ich hatte nicht vermocht den Anblick dieses Heeres und diese Erschütterung und das Beben des Himmels zu ertragen. (Dan 8,17-18; 10,9-10)

5 Und Michael sprach zu mir: » Warum erschüttert dich der Anblick solcher Dinge? Bis heute hat der Tag seiner Barmherzigkeit gewährt, und bis heute ist er barmherzig und langmütig gewesen gegen die, welche auf Erden wohnen.

6 Aber wenn der Tag und die Macht und die Strafe und das Gericht kommen wird, das der Herr der Geister für die bereitet hat, welche dem gerechten Gericht sich nicht unterwerfen und

welche das gerechte Gericht leugnen und seinen Namen umsonst tragen — und jener Tag ist bereitet für die Auserwählten zum Bunde und für die Sünder zur Untersuchung — da wird er die Kleinen mit ihren Müttern und die Söhne mit ihren Vätern töten usw.«

7 Und an jenem Tage werden zwei Ungeheuer ihren Platz zugewiesen erhalten, ein weibliches, mit Namen Leviathan, um im Abgrunde des Meeres zu wohnen, über den Quellen der Wasser;

8 das männliche aber heißt Behemot, das mit seiner Brust die öde Wüste einnimmt, genannt Dendain, im Osten des Gartens, wo die Auserwählten und Gerechten wohnen, wo mein Ahn aufgenommen worden ist, der siebente seit Adam, dem ersten Menschen, den der Herr der Geister erschaffen hat.

9 Und ich bat einen anderen Engel, dass er mir die Macht jener Ungeheuer zeigen möchte, wie sie an einem Tage getrennt und dahin geworfen wurden, das eine in den Abgrund des Meeres und das andere in die Dürre der Wüste.

10 Und er sprach zu mir: »Du Menschenkind, du begehrst hier zu wissen, was verborgen ist.«

11 Und es sprach zu mir der andere Engel, der mit mir ging, und mir zeigte, was im Verborgenen ist, das Erste und das Letzte, im Himmel hoch oben und unter der Erde in der Tiefe, an den Enden des Himmels und an den Grundfesten des Himmels: und zwar die Schatzkammern der Winde,

12 und wie die Winde verteilt und wie sie gewogen werden, und wie die Quellen der Winde verteilt und gezählt werden nach der Kraft des Windes, und die Kraft des Mondlichtes, und wie es eine Kraft der Gleichmäßigkeit gibt, und die Abteilungen der Sterne nach ihren Namen, und wie jede Abteilung abgeteilt wird;

13 und die Donner nach den Orten ihres Falles, und all die Abteilungen, die bei den Blitzen gemacht werden, dass es blitze, und ihre Scharen, damit sie sofort gehorchen.

14 Denn der Donner hat Pausen in der Dauer, die seinem Schall verliehen worden ist; und Donner und Blitz sind nicht zu trennen, auch nicht in einem einzigen Punkte; durch Vermittlung des Geistes gehen sie beide zusammen und trennen sich nicht.

15 Denn wenn der Blitz blitzt, erhebt der Donner seine Stimme, und alsbald lässt der Geist Ruhe eintreten und verteilt in gleicher Weise zwischen ihnen, denn der Vorrat ihrer Schläge ist wie Sand, und jeder einzelne derselben wird mit einem Zaume festgehalten und durch die Kraft des Geistes zurück-

gewendet und ebenso vorwärts getrieben nach der Menge der Gegenden der Erde.

16 Und der Geist des Meeres ist männlich und stark und gemäß der Gewalt seiner Stärke zieht er es mit dem Zaume zurück, und ebenso wird es vorwärtsgetrieben und in allen Bergen der Erde zerstreut.

17 Und der Geist des Reifs ist sein Engel, und der Geist des Hagels ist ein guter Engel.

18 Und der Geist des Schnees hat die Kammer verlassen wegen seiner Kraft, und ein besonderer Geist ist darin; und was daraus aufsteigt, ist wie Rauch und sein Name ist Frost.

19 Und der Geist des Nebels ist nicht mit ihnen vereint in ihren Kammern, sondern hat seine Kammer besonders, denn sein Lauf zeigt Klarheit in Licht und Finsternis, im Winter und Sommer, und in seiner Kammer ist ein Engel.

20 Und der Geist des Taus hat seine Wohnung an den Enden des Himmels, und sie hängt mit den Kammern des Regens zusammen, und sein Lauf geht im Winter und Sommer, und seine Wolken und die Wolken des Nebels sind miteinander verbunden, und einer gibt dem andern.

21 Und wenn der Geist des Regens sich aus seiner Kammer herausbewegt, da kommen die Engel, tun die Kammer auf und führen ihn heraus, und wann er über das ganze Festland sich verbreitet, vereint er sich mit dem Wasser, das auf dem Festlande ist, und jedes Mal, wenn er sich mit dem Wasser vereint, das auf dem Festlande ist.

22 Denn die Wasser sind für die Erdbewohner da, denn sie sind die Nahrung der Erde vom Höchsten, der im Himmel ist. Darum hat der Regen ein Maß und die Engel nehmen ihn in Empfang.

23 Dies alles sah ich bis zum Garten der Gerechten.

24 Und der Engel des Friedens, der bei mir war, sprach zu mir: »Diese beiden Ungeheuer, bereitet gemäß der Größe Gottes, werden gefüttert, [damit das Strafgericht des Herrn der Geister nicht vergebens über jene gekommen sei.] Da wird er die Kleinen mit ihren Müttern und die Söhne mit ihren Vätern töten.

25 Wann das Strafgericht des Herrn der Geister über ihnen ruhen wird, wird es ruhen bleiben, damit das Strafgericht des Herrn der Geister nicht vergebens über jene gekommen sei; darnach wird das Gericht stattfinden nach seiner Barmherzigkeit und seiner Geduld.«

61 1 Und ich sah in jenen Tagen, wie jenen Engeln lange Schnüre gegeben wurden, und sie nahmen sich Flügel, flogen und eilten davon gen Norden.

2 Und ich fragte den Engel, indem ich zu ihm sprach: »Wozu haben jene die Schnüre genommen und sind fortgegangen?« Und er sprach zu mir: »Sie sind gegangen, um zu messen.«

3 Und der Engel der mit mir ging, sprach zu mir: »Diese bringen die Maße der Gerechten und die Schnüre der Gerechten zu den Gerechten, dass sie sich auf den Namen des Herrn der Geister stützen in Ewigkeit.

4 Die Auserwählten werden anfangen bei den Auserwählten zu wohnen, und das sind die Maße, die der Treue gegeben werden, und die die Gerechtigkeit stärken.

5 Und diese Maße werden alle Geheimnisse der Tiefe der Erde enthüllen und welche von der Wüste verschlungen, und welche von den Fischen des Meeres und den wilden Tieren gefressen worden sind, dass sie zurückkehren und sich auf den Tag des Auserwählten stützen; denn niemand wird vernichtet werden vor dem Herrn der Geister, und niemand kann vernichtet werden.«

6 Und alle, die oben im Himmel sind, empfingen Befehl und Macht, ein Wort und ein Licht wie Feuer.

7 Und sie priesen jenen mit dem ersten Laut und erhoben und lobten ihn mit Weisheit, und sie waren selbst weise in der Rede und in dem Geiste des Lebens.

8 Und der Herr der Geister hat seinen Auserwählten auf den Thron der Herrlichkeit gesetzt, und er wird alle Werke der Heiligen oben im Himmel richten und ihre Taten werden auf der Wage gewogen werden.

9 Und wenn er sein Antlitz erheben wird, um ihre verborgenen Wege nach der Rede des Namens des Herrn der Geister, und ihren Pfad nach dem Wege der gerechten Gerichte des Herrn der Geister zu richten, da werden sie alle mit einer Stimme reden und preisen, rühmen, erheben und heiligen den Namen des Herrn der Geister.

10 Und es wird rufen das ganze Heer der Himmel, und alle Heiligen droben, und das Heer Gottes, die Cherubim, Seraphim und Ophanim und alle Engel der Macht und alle Engel der Herrschaften und der Auserwählte und die anderen Mächte, welche auf dem Festland und über dem Wasser sind,

11 werden an jenem Tage eine Stimme erheben und preisen, rühmen und

erheben im Geiste des Glaubens und im Geiste der Weisheit und im Geiste der Geduld, im Geiste der Barmherzigkeit und im Geiste des Rechtes und des Friedens und im Geiste der Güte und werden alle mit einer Stimme rufen: »Gepriesen sei er, und gepriesen sei der Name des Herrn der Geister immerdar und bis in Ewigkeit!«

12 Es werden ihn preisen alle, die nicht schlafen, oben im Himmel, es werden ihn preisen alle Heiligen, die im Himmel sind, und alle Auserwählten, die im Garten des Leben wohnen, und jeder Geist des Lichtes, der zu preisen, zu rühmen, zu erheben und zu heiligen vermag deinen gepriesenen Namen, und alles Fleisch, das deinen Namen überschwänglich rühmen und preisen wird in alle Ewigkeit.

13 Denn groß ist die Barmherzigkeit des Herrn der Geister, und er ist langmütig; und alle seine Werke und den ganzen Umfang seiner Werke hat er den Gerechten und Auserwählten offenbart im Namen des Herrn der Geister.

62 1 Und also gebot der Herr den Königen, den Mächtigen und Hohen und denen, die die Erde bewohnen, und sprach: »Öffnet eure Augen und erhebt eure Hörner, wenn ihr den Auserwählten zu erkennen vermöget.« (Ps 74,5)

2 Und der Herr der Geister saß auf dem Thron seiner Herrlichkeit, und der Geist der Gerechtigkeit wurde über die Auserwählten ausgegossen: und die Rede seines Mundes tötet alle Sünder, und alle Ungerechten werden vor seinem Antlitz vernichtet. (Jes 11,4)

3 An jenem Tage werden alle Könige und Mächtigen und Hohen und die, welche die Erde besitzen, aufstehen und sie werden ihn sehen und erkennen, dass er auf dem Thron seiner Herrlichkeit sitzt, und Gerechtigkeit vor ihm gerichtet wird, und ein unnützes Wort vor ihm nicht gesprochen wird. (Mat 12,36)

4 Da wird Schmerz über sie kommen, wie über ein Weib, das in den Wehen liegt und Not hat zu gebären, wenn ihr Kind in den Muttermund tritt, und es ihr hart ankommt, zu gebären. (1.Thess 5,3)

5 Und ein Teil von ihnen wird den anderen ansehen, und sie werden erschrecken und ihr Antlitz zu Boden schlagen, und Schmerz wird sie ergreifen, wenn sie jenen Mannessohn auf dem Thron seiner Herrlichkeit sitzen sehen.

6 Und die Könige und die Mächtigen und alle, die die Erde besitzen, werden rühmen, preisen und erheben den, der alles Verborgene beherrscht.

7 Denn von Anfang an ist der Menschensohn verborgen gewesen, und der Höchste hat ihn bewahrt angesichts seiner Macht und den Auserwählten offenbart.

8 Und die Gemeinde der Auserwählten und Heiligen wird gesät werden, und alle Auserwählten werden an jenem Tage vor ihm stehen.

9 Und alle Könige und Mächtigen und Hohen und die, welche die Erde beherrschen, werden vor ihm niederfallen auf ihr Antlitz, sich beugen und auf jenen Menschensohn ihre Hoffnung setzen, und sie werden ihn anflehen und Barmherzigkeit von ihm erbitten.

10 Aber jener Herr der Geister wird sie drängen, dass sie eilig fortgehen von seinem Angesicht, und ihr Antlitz wird voll Scham werden, und Finsternis wird auf ihr Antlitz gehäuft werden.

11 Und er wird sie den Engeln zum Strafvollzug überliefern, damit sie Vergeltung an ihnen üben dafür, dass sie seine Kinder und Auserwählten bedrückt haben.

12 Und sie werden ein Schauspiel für die Gerechten und seine Auserwählten sein; sie werden sich über sie freuen, weil der Zorn des Herrn der Geister auf ihnen ruht, und sein Schwert von ihnen trunken wird. (Jes 34,5-6)

13 Und die Gerechten und Auserwählten werden an jenem Tage gerettet werden und werden von nun an das Antlitz der Sünder und Ungerechten nicht mehr sehen.

14 Und der Herr der Geister wird über ihnen wohnen, und mit jenem Menschensohne werden sie essen und sich niederlegen und aufstehen in alle Ewigkeit.

15 Und die Gerechten und Auserwählten werden sich erhoben haben von der Erde und werden aufhören das Antlitz zu Boden zu schlagen und werden mit dem Kleide der Herrlichkeit angetan sein.

16 Und das soll euer Kleid sein, das Kleid des Lebens von dem Herrn der Geister; und eure Kleider werden nicht alt werden, und eure Herrlichkeit wird nicht vergehen vor dem Herrn der Geister. (Deut 8,4; 29,4)

63 1 In jenen Tagen werden die Mächtigen und die Könige, die die Erde besitzen, seine Strafengel, denen sie überliefert sind, anflehen, dass sie ihnen etwas Ruhe lassen möchten, damit sie niederfallen und sich beugen vor dem Herrn der Geister und ihre Sünden vor ihm bekennen.

2 Und sie werden preisen und rühmen den Herrn der Geister und sprechen:

»Gepriesen sei der Herr der Geister und der Herr der Könige, der Herr der Mächtigen und der Herr der Reichen, der Herr der Herrlichkeit und der Herr der Weisheit, und es wird Licht in alles Verborgene kommen.

3 Deine Macht währt von Geschlecht zu Geschlecht, und deine Herrlichkeit in alle Ewigkeit, tief und ohne Zahl sind deine Geheimnisse, und deine Gerechtigkeit ergründet keine Rechnung.

4 Jetzt haben wir eingesehen, dass wir rühmen und preisen sollen den Herrn der Könige, und den König über alle Könige.«

5 Und sie werden sagen: »O dass uns jemand Ruhe gäbe! dass wir rühmen, danken und bekennen könnten vor deiner Herrlichkeit.

6 Jetzt begehren wir ein wenig Ruhe, aber erlangen sie nicht; wir werden weggetrieben und erhalten sie nicht; das Licht ist vor uns verschwunden, und Finsternis ist unser Wohnsitz in alle Ewigkeit.

7 Denn wir haben vor ihm kein Bekenntnis abgelegt und den Namen des Herrn der Geister nicht gerühmt, und ihn nicht als unsern Herrn gerühmt, sondern unsere Hoffnung gründete sich auf das Zepter unseres Reiches und auf unsere Herrlichkeit.

8 An dem Tage unserer Not und unserer Trübsal wird er uns nicht erretten, und wir werden keine Ruhe finden, um zu bekennen, dass unser Herr wahrhaftig ist in all seinem Tun, seinem Gericht und seiner Gerechtigkeit, und dass seine Gerichte die Person nicht ansehen. (Mat 22,16; 1.Petr 1,17)

9 Und wir werden vergehen vor seinem Angesicht um unserer Werke willen, und alle unsere Sünden sind richtig gezählt.«

10 Jetzt werden sie zu ihnen sagen: »Unsere Seele ist gesättigt mit ungerechtem Gut, aber sie wird nicht verhindern, dass wir mitten heraus hinabfahren in die Höllenpein.«

11 Und danach wird ihr Antlitz voll Finsternis und Scham werden vor jenem Menschensohne, und sie werden vor seinem Angesicht verstoßen werden, und das Schwert wird unter ihnen vor seinem Angesicht hausen.

12 Und also sprach der Herr der Geister: »Das ist die Verordnung und das Gericht über die Mächtigen und die Könige und die Hohen und die, welche die Erde besitzen, vor dem Herrn der Geister.«

 **64** 1 Und ich sah noch andere Gestalten an jenem Orte im Verborgenen.

2 Ich hörte die Stimme des Engels, wie er sprach: »Das sind die Engel, die auf die Erde herabgekommen sind und den Menschenkindern offenbart haben, was im Verborgenen war, und die Menschenkinder verführt haben, Sünde zu tun.«

65 1 In jenen Tagen sah Noah, wie die Erde sich neigte und wie ihr Untergang nahe war.

2 Da brach er auf von da und ging bis an die Enden der Erde und schrie zu seinem Großvater Henoch, und Noah rief mit betrübter Stimme dreimal: »Höre mich, höre mich, höre mich!«

3 Und ich sprach zu ihm: »Sage mir, was ist das, was auf der Erde vorgeht, dass die Erde so elend ist und bebt? Dass ich nur nicht etwa mit ihr zu Grunde gehe!«

4 Und alsbald fand eine gewaltige Erschütterung auf Erden statt, und eine Stimme vom Himmel ließ sich vernehmen, und ich fiel auf mein Angesicht.

5 Da kam Henoch, mein Großvater, trat zu mir und sprach: »Warum hast du nach mir mit so betrübter und tränenvoller Stimme geschrien?

6 Ein Befehl ist vom Angesicht des Herrn über die, welche auf Erden wohnen, ausgegangen, dass dies ihr Ende sein soll, denn sie kennen alle Geheimnisse der Engel und alle Gewalttätigkeit der Satane und alle verborgenen Kräfte und alle Kraft derer, die Zauberei treiben, und die Kraft der Besprechungen und die Kraft derer, die die Gussbilder der ganzen Erde gießen;

7 und wie das Silber erzeugt wird aus dem Staube der Erde, und wie das Gussmetall auf der Erde entsteht.

8 Denn Blei und Zinn wird nicht aus der Erde erzeugt, wie ersteres; eine Quelle ist es, die sie hervorbringt, und ein Engel steht darin, und jener Engel ist behend«.

9 Und darnach fasste mich mein Großvater Henoch bei meiner Hand, hob mich auf und sprach zu mir: »Geh, denn ich habe den Herrn der Geister nach dieser Erschütterung auf Erden gefragt.«

10 Und er sprach weiter zu mir: »Wegen ihrer Ungerechtigkeit wird das Gericht über sie endgültig vollzogen, aber vor mir wird keine Berechnung angestellt werden nach den Monaten, da, wie sie erforscht und erfahren haben, die Erde und ihre Bewohner untergehen sollen.

11 Und diese sind es, die keine Umkehr kennen bis in Ewigkeit, weil die Engel ihnen das Verborgene gezeigt haben, und sie sind die Verdammten. Aber was dich betrifft, mein Sohn, so weiß der Herr der Geister, dass du rein und frei

bist von diesem Vorwurf wegen der Geheimnisse.

12 Und er hat deinen Namen fest gegründet unter den Heiligen und wird dich bewahren unter allen, die auf Erden wohnen; und er hat deinen Samen in Gerechtigkeit zu Königen und zu großen Ehren bestimmt, und aus deinem Samen wird eine Quelle von Gerechten und Heiligen ohne Zahl in Ewigkeit hervorbrechen.«

66 1 Und darnach zeigte er mir die Strafengel, die bereit sind, zu kommen und alle Kräfte des Wassers, das unter der Erde ist, loszulassen, dass es zum Gericht und zum Verderben werde für alle, die auf dem Festland Sitz und Wohnung haben.

2 Und der Herr der Geister gab den Engeln, die ausgingen, Befehl, dass sie nicht die Hände erheben, sondern achtgeben sollten, denn jene Engel waren über die Kräfte des Wassers gesetzt.

3 Und ich ging hinweg aus dem Angesicht Henochs.

67 1 Und in jenen Tagen erging das Wort Gottes an mich, und er sprach zu mir: »Noah, dein Los ist heraufgekommen vor mich, ein Los ohne Tadel, ein Los der Liebe und Rechtschaffenheit.

2 Und jetzt bearbeiten die Engel Hölzer, und wenn sie jenen Auftrag ausgeführt haben werden, so werde ich meine Hand darauf legen, und es bewahren; und der Same des Lebens soll daraus hervorgehen und soll in den neuen Zustand eintreten, damit die Erde nicht leer bleibe.

3 Und ich werde deinen Samen vor mir fest gründen in Ewigkeit und werde die, welche bei dir wohnen, aufs Geratewohl über die Oberfläche der Erde hin ausbreiten, und er wird gesegnet sein und sich mehren angesichts der Erde im Namen des Herrn.«

4 Und er wird jene Engel, die die Ungerechtigkeit gezeigt haben, in jenes brennende Tal einschließen, welches mir zuvor mein Großvater Henoch gezeigt hatte, im Westen bei den Bergen des Goldes und Silbers, des Eisens und des Gussmetalls und des Zinns.

5 Und ich sah jenes Tal, in dem eine gewaltige Bewegung war, und ein Hin- und Herwogen der Wasser.

6 Und als dieses alles geschah, entstand aus jenem feurigen Metallguss und der Bewegung, die die Wasser hin und her schaukelte, an jenem Orte ein Schwefelgeruch, und er verband sich mit jenen Wassern; und jenes Tal der Engel, die die Menschen verführt haben, brennt immerzu unter der Erde dort.

7 Und durch die Täler der Erde kommen Feuerströme, da wo jene Engel gestraft werden, welche die Bewohner der Erde verführt haben.

8 Und jene Wasser werden in jenen Tagen den Königen und Mächtigen und Hohen und denen, die auf Erden wohnen, zur Heilung des Leibes, aber zur Marter des Geistes dienen; ihr Geist ist ja voll Wollust, so dass ihr Leib gestraft wird, weil sie den Namen des Herrn der Geister verleugnet haben. Sie sehen ihre tägliche Strafe, und glauben doch nicht an seinen Namen.

9 Und je ärger ihr Leib brennt, umso mehr werden sie eine Veränderung am Geiste spüren auf immer und ewig, denn niemand darf vor dem Herrn der Geister unnütze Reden führen.

10 Denn das Gericht kommt über sie, weil sie an die Wollust ihres Fleisches glauben und den Geist des Herrn verleugnen.

11 Und jene Wasser selbst werden in jenen Tagen eine Veränderung erleiden: denn wenn jene Engel in jenen Wassern gestraft werden, so ändern sich jene Wasserquellen in betreff ihrer Hitze, und wenn die Engel aufsteigen, so wird jenes Wasser der Quellen sich ändern und kalt werden.

12 Und ich hörte Michael anheben und sprechen: »Dieses Gericht, mit dem die Engel gerichtet werden, ist ein Zeugnis für die Könige und Mächtigen, welche die Erde besitzen.

13 Denn diese Wasser des Gerichts dienen zur Heilung des Leibes der Fürsten und zur Wollust ihres Fleisches; aber sie sehen nicht und glauben nicht, dass jene Wasser sich ändern und ein ewig brennendes Feuer werden.«

68 1 Und danach gab mir mein Großvater Henoch in einem Buche die Zeichen aller Geheimnisse und die Mahnreden, die ihm gegeben worden waren, und stellte sie für mich in den Worten des Buches der Mahnreden zusammen.

2 Und an jenem Tage antwortete Michael dem Rafael, indem er sprach: »Die Kraft des Geistes reißt mich hin und bringt mich in Erregung über die Schwere des Gerichtes der Geheimnisse des Gerichtes, und wer kann die Härte des vollzogenen Gerichts ertragen, vor dem sie dahinschmelzen?«

3 Und abermals antwortete Michael und sprach zu Rafael: »Wer ist es, dessen Herz sich dabei nicht schuldig fühlte, und dessen Nieren nicht erschüttert würden von diesem Worte des Gerichts, das über sie ausgegangen ist von denen, die sie so herausgeführt haben?«

4 Und es geschah, als er vor dem Herrn der Geister stand, sprach Michael also zu Rafael: »Ich werde nicht für sie sein unter den Augen des Herrn, denn der Herr ist erzürnt auf sie, weil sie tun, als wären sie der Herr.

5 Darum wird über sie alles Verborgene kommen für alle Ewigkeit, denn weder Engel noch Mensch wird seinen Anteil erhalten, sondern sie allein werden ihr Gericht für alle Ewigkeit empfangen haben.«

69 1 Und nach diesem Gericht werden sie ihnen Schrecken und Angst einjagen, weil sie dies denen, die auf Erden wohnen, gezeigt haben.

2 Und siehe da die Namen jener Engel, und das sind ihre Namen: der erste von ihnen Semjaza, der zweite Arestiqifa, der dritte Armen, der vierte Kokabiel, der fünfte Turiel, der sechste Ramiel, der siebente Daniel, der achte Neqeel, der neunte Baraqiel, der zehnte Azazel, der elfte Armaros, der zwölfte Batariel, der dreizehnte Basasael, der vierzehnte Ananiel, der fünfzehnte Turiel, der sechzehnte Sampsiel, der siebzehnte Jetariel, der achtzehnte Tumael, der neunzehnte Turiel, der zwanzigste Rumael, der einundzwanzigste Azazeel.

3 Und das sind die Obersten ihrer Anführer und die Namen ihrer Hauptleute

über hundert, über fünfzig und über zehn.

4 Der Name des ersten ist Jeqon, das ist der, welcher alle die Kinder der Engel verführt hat: er brachte sie herab auf die Erde und verführte sie durch die Töchter der Menschen.

5 Und der zweite heißt Asbiel; der gab den Kindern der Engel bösen Rat ein und verführte sie, ihre Leiber mit den Töchtern der Menschen zu verderben.

6 Und der dritte heißt Gadriel, das ist der, der den Menschenkindern alle tödlichen Schläge zeigte. Er hat auch die Eva verführt und hat die Mordwerkzeuge den Menschenkindern gezeigt: Schild, Panzer und Schwert zum Kampfe, und alle Mordwerkzeuge für die Menschenkinder.

7 Und aus seiner Hand sind sie ausgegangen zu allen, die auf Erden wohnen, von jener Stunde an bis in alle Ewigkeit.

8 Und der vierte heißt Penemuĕ; der hat den Menschenkindern das Bittere und Süße gezeigt, und hat ihnen alle Geheimnisse ihrer Weisheit kundgetan.

9 Er hat die Menschen das Schreiben mit Tinte und Papier gelehrt, und dadurch versündigen sich viele von Ewigkeit zu Ewigkeit und bis auf den heutigen Tag.

10 Denn die Menschen sind nicht zu derartigem geschaffen: mit Feder und Tinte ihre Treue zu bekräftigen.

11 Denn die Menschen sind zu nichts anderem als die Engel geschaffen, nämlich gerecht und rein zu bleiben, und der Tod, der alles vernichtet, hätte sie nicht angerührt; vielmehr durch diese ihre Erkenntnis gehen sie zu Grunde, und durch diese Kraft verzehrt er mich.

12 Und der fünfte heißt Kasdeja, das ist der, der den Menschenkindern alle bösen Schläge der Geister und Dämonen gezeigt hat, und den Schlag des Embryo im Mutterleib, dass er abgehe, und den Schlag der Seele, den Biss der Schlange und den Schlag, der durch die Mittagshitze entsteht, den Sohn der Schlange, Tabat mit Namen. (Ps 90,6)

13 Und das ist die Zahl des Kasbiel, der Hauptschwur, den er den Heiligen zeigte, als er droben in der Herrlichkeit wohnte, und sein Name ist Beqa.

14 Dieser sagte zu Michael, dass er ihm den verborgenen Namen zeigen möchte, damit sie ihn beim Schwüre aussprechen könnten, so dass vor diesem Namen und Schwur diejenigen erzitterten, die den Menschenkindern alles Verborgene gezeigt hatten.

15 Und das ist die Kraft dieses Schwures, denn er ist kräftig und stark: ***,

und er hat diesen Schwur Akaě in die Hand Michaels niedergelegt.

16 Und das sind die Geheimnisse dieses Schwures: *** und ist fest gegründet durch seinen Schwur, der Himmel ist aufgehängt worden, ehe die Welt geschaffen wurde und bis in Ewigkeit durch ihn;

17 und die Erde ist über dem Wasser gegründet worden, und aus dem Verborgenen der Berge kommen köstliche Wasser hervor von der Schöpfung der Welt bis in Ewigkeit. (Ps 23,2; Ps 135,6)

18 Durch jenen Schwur ist das Meer geschaffen, und als seinen Grund hat er ihm für die Zeit der Wut den Sand gelegt; und es darf nicht darüber hinaus schreiten von Schöpfung der Welt bis in Ewigkeit. (Jer 5,33)

19 Und durch den Schwur sind die Abgründe gefestigt, sie stehen und rühren sich nicht von ihrer Stelle von Ewigkeit zu Ewigkeit.

20 Durch den Schwur vollenden Sonne und Mond ihren Lauf und weichen nicht ab von ihrer Vorschrift von Ewigkeit zu Ewigkeit.

21 Und durch jenen Schwur vollenden die Sterne ihren Lauf; er ruft ihre Namen und sie antworten ihm von Ewigkeit zu Ewigkeit. (Jes 40,26; Ps 146,4)

22 Und ebenso vollenden die Geister des Wassers, der Lüfte und aller Winde und ihre Wege aus allen Richtungen der Windrose her.

23 Und daselbst werden die Stimme des Donners und das Leuchten des Blitzes aufbewahrt, und daselbst werden die Vorräte des Hagels und die Vorräte des Reifs, die Vorräte des Nebels, die Vorräte des Regens und Taus aufbewahrt.

24 Sie alle bekennen und danken vor dem Herrn der Geister und rühmen mit aller ihrer Kraft; und ihre Speise besteht aus lauter Danken, und sie danken, rühmen und erheben im Namen des Herrn der Geister in alle Ewigkeit.

25 Und dieser Schwur ist mächtig über sie, und sie werden durch ihn bewahrt, und ihre Pfade werden bewahrt, und ihre Bahn wird nicht gestört.

26 Und es herrschte unter ihnen eine große Freude, und sie priesen, rühmten und erhoben darum, dass ihnen der Name jenes Menschensohnes offenbart worden war.

27 Und er setzte sich auf den Thron seiner Herrlichkeit und die Summe des Gerichts ward ihm, dem Menschensohne, übergeben, und er lässt verschwinden und vertilgt die Sünde vom Antlitz der Erde, und die, welche die Welt verführt haben. (Joh 5,22)

28 Mit Ketten werden sie gebunden und an ihrem dem Verderben geweihten Versammlungsorte eingeschlossen werden, und all ihr Werk wird verschwinden vom Antlitz der Erde. (2.Petr 2,4; Jud 1,6)

29 Und von nun an wird es nichts Verderbtes mehr geben; denn jener Mannessohn ist erschienen und hat sich auf den Thron seiner Herrlichkeit gesetzt, und alles Böse wird vor seinem Angesicht verschwinden und dahingehen, aber das Wort jenes Mannessohnes wird fest stehen vor dem Herrn der Geister. Das ist die dritte Mahnrede Henochs.

Henochs Entrückung

70 1 Und danach geschah es, dass sein Name bei seinen Lebzeiten zu jenem Menschensohne und zu dem Herrn der Geister erhöht wurde, hinweg von denen, die auf Erden leben.

2 Und er wurde auf Wagen des Geistes erhoben, und sogar der Name ging unter ihnen verloren.

3 Und von jenem Tage an wurde ich nicht mehr zu ihnen gezählt, und er setzte mich zwischen zwei Himmelsgegenden, zwischen Norden und Westen, wo die Engel die Schnüre nahmen, um für mich den Ort der Auserwählten und Gerechten zu messen.

4 Und daselbst sah ich die Erzväter und die Gerechten, die von uralter Zeit an jenem Orte wohnen. (Offb 4,4)

71 1 Und darnach geschah es, dass mein Geist entrückt wurde und aufstieg in die Himmel; da sah ich die Söhne der heiligen Engel auf Feuerflammen treten, und ihre Kleider weiß und ihr Gewand, und ihr Antlitz licht wie Schnee;

2 und ich sah zwei Feuerströme, und das Licht jenes Feuers strahlte wie Hyazinth. Da fiel ich auf mein Angesicht vor dem Herrn der Geister.

3 Und der Engel Michael, einer von den Erzengeln, fasste mich bei meiner rechten Hand, erhob mich und führte mich hinaus zu all den Geheimnissen, und er zeigte mir alle Geheimnisse der Barmherzigkeit und zeigte mir alle Geheimnisse der Gerechtigkeit,

4 und zeigte mir alle Geheimnisse der Enden des Himmels und alle Kammern der Sterne und Lichter, aus denen sie hervorgehen vor das Antlitz der Heiligen.

5 Und er entrückte meinen Geist, und ich, Henoch, war in dem Himmel der Himmel, und sah dort inmitten jenes Lichtes etwas, das aus Hagelsteinen erbaut schien, und zwischen jenen Steinen züngelnde Flammen lebendigen Feuers.

6 Und mein Geist sah einen feurigen Kreis, der jenes Haus umgab, aus seinen vier Seiten kamen Ströme lebendigen Feuers, und sie umringten jenes Haus. (Dan 7,10)

7 Und um dasselbe herum Seraphim, Cherubim und Ophanim; das sind die, welche nicht schlafen und den Thron seiner Herrlichkeit bewachen.

8 Und ich sah unzählige Engel, tausend mal tausend und zehntausend mal zehntausend, jenes Haus umgeben, und Michael, Rafael, Gabriel und Fanuel und die heiligen Engel, die oben im Himmel sind, in jenem Hause ein- und ausgehen.

9 Und es traten heraus aus jenem Hause Michael, Gabriel, Rafael und Fanuel und viele heilige Engel ohne Zahl,

10 und mit ihnen das betagte Haupt; sein Haupt war weiß und rein wie Wolle, und sein Kleid unbeschreiblich.

11 Da fiel ich auf mein Angesicht, und mein ganzer Leib schmolz dahin, und mein Geist wurde verwandelt, und ich schrie mit lauter Stimme mit dem Geiste der Kraft und pries und rühmte und erhob ihn.

12 Und diese Lobpreisungen, die aus meinem Munde ausgingen, waren wohlgefällig vor jenem betagten Haupte.

13 Und es kam jenes betagte Haupt mit Michael, Gabriel, Rafael und Fanuel und Tausenden und Zehntausenden von Engeln ohne Zahl.

14 Und jener kam zu mir, grüßte mich mit seiner Stimme und sprach: »Du bist der Mannessohn, der zur Gerechtigkeit geboren ist; und Gerechtigkeit wohnt über dir, und die Gerechtigkeit des betagten Hauptes verlässt dich nicht.«

15 Und er sagte zu mir: »Er ruft dir Heil zu im Namen der künftigen Welt, denn von dort aus ist das Heil ausgegangen seit Erschaffung der Welt, und so wird es auch dir zu teil werden immerdar und in alle Ewigkeit.

16 Und alle werden auf deinem Wege wandeln, da die Gerechtigkeit dich nimmermehr verlässt; bei dir wird ihre Wohnung sein und bei dir ihr Los, und von dir werden sie sich nie und in alle Ewigkeit nicht mehr trennen.«

17 Und so wird langes Leben sein bei jenem Menschensohne, und es wird Frieden geben für die Gerechten und einen ebenen Weg für die Gerechten im Namen des Herrn der Geister immer und ewiglich.

Teil 3: Das Buch vom Umlauf der Himmelslichter
(Kap 72-82)

72 1 Das Buch über den Umlauf der Himmelslichter, wie es sich mit den einzelnen verhält nach ihren Klassen, nach ihrer Herrschaft und ihrer Zeit, nach ihrem Namen und ihren Ursprungsorten und ihren Monaten, die mir Uriel, der heilige Engel, der bei mir war und der ihr Führer ist, zeigte; und er zeigte mir die ganze Beschreibung, wie es sich damit verhält, und wie es sich mit allen Jahren der Welt verhält bis in Ewigkeit, bis die neue Schöpfung, die in Ewigkcit währt, geschaffen wird.

Über die Sonne

2 Und das ist das erste Gesetz der Lichter: das Licht »Sonne« hat seinen Aufgang in den Toren des Himmels, die nach Osten zu liegen, und seinen Untergang in den westlichen Toren des Himmels.

3 Und ich sah sechs Tore, aus denen die Sonne hervorgeht, und sechs Thore, wo die Sonne untergeht; auch der Mond geht in jenen Toren auf und unter, und die Führer der Sterne samt denen, die sie führen. Sechs sind im Osten und sechs im Westen, und alle eins genau nach dem andern gerichtet, und viele Fenster sind rechts und links von jenen Toren.

4 Zuerst geht das große Licht hervor, Sonne genannt, und sein Umkreis ist wie der Umkreis des Himmels, und es ist ganz mit Feuer angefüllt, welches Licht und Wärme spendet.

5 Und die Wagen, in denen es aufsteigt, treibt der Wind. Und die Sonne geht unter und verschwindet vom Himmel und wendet um in nördlicher Richtung, um ihren Weg gen Osten zu nehmen; und sie wird so geführt, dass sie zu dem betreffenden Tore kommt und leuchtet wieder am Himmel.

6 In dieser Weise geht sie im ersten Monat in dem großen Tore auf, und zwar geht sie gerade in dem vierten Tore von jenen sechs östlichen Toren auf.

7 Und an eben jenem vierten Thore, aus welchem die Sonne im ersten Monat hervorgeht, sind zwölf Fensteröffnungen, aus denen, wann sie zu ihrer Zeit geöffnet werden, Flammen hervorbrechen.

8 Wenn die Sonne am Himmel aufsteigt, kommt sie durch jenes vierte Tor dreißig Morgen lang hervor und genau durch das vierte Thor im Westen geht sie unter.

9 Und in dieser Zeit wird ein Tag immer länger als der andere und eine Nacht immer kürzer als die andere bis zum dreißigsten Morgen.

10 Und an jenem Tage ist der Tag um das Doppelte eines Neuntels länger als die Nacht, und der Tag umfasst gerade zehn Teile und die Nacht gerade acht Teile.

11 Und die Sonne geht aus jenem vierten Tore hervor und geht im vierten unter und kehrt zurück zum fünften Tore im Osten dreißig Morgen lang und geht aus diesem auf und geht im fünften Tore unter.

12 Dann wird der Tag um zwei Teile länger, und der Tag enthält elf Teile, und die Nacht wird kürzer und besteht aus sieben Teilen.

13 Und die Sonne kehrt nach Osten zurück und tritt in das sechste Tor ein, und sie geht im sechsten Tore auf und unter einunddreißig Morgen lang wegen seines Zeichens.

14 Und an jenem Tage wird der Tag länger als die Nacht, so dass der Tag das Doppelte der Nacht beträgt und aus zwölf Teilen besteht, und die Nacht wird kürzer und besteht aus sechs Teilen.

15 Und es erhebt sich die Sonne, so dass nun der Tag kürzer und die Nacht länger wird; und die Sonne kehrt nach Osten zurück und tritt in das sechste Tor ein und geht darin dreißig Morgen lang auf und unter.

16 Und wenn die dreißig Morgen um sind, ist der Tag gerade um ein Teil kürzer und besteht aus elf Teilen und die Nacht aus sieben Teilen.

17 Und die Sonne tritt im Westen aus jenem sechsten Thor und geht nach Osten und geht im fünften Thore dreißig Morgen lang auf und geht im Westen wieder im fünften westlichen Thore unter.

18 An jenem Tage wird der Tag um zwei Teile kürzer und besteht aus zehn Teilen und die Nacht aus acht Teilen.

19 Und die Sonne kommt aus jenem fünften Tor hervor und geht im fünften westlichen Tor unter; und sie geht im vierten Tor seines Zeichens wegen einunddreißig Morgen auf und geht im Westen unter.

20 An jenem Tage gleicht sich der Tag mit der Nacht aus und wird ebenso lang, und es umfasst die Nacht neun Teile und der Tag neun Teile.

21 Und die Sonne geht aus eben jenem Tor hervor und geht im Westen unter und kehrt nach Osten zurück und geht im dritten Tor dreißig Morgen lang auf und geht im Westen im dritten Tor unter.

22 Und an jenem Tage wird die Nacht länger als der Tag, und eine Nacht wird länger als die andere, und ein Tag wird kürzer als der andere bis zum dreißigsten Morgen; und die Nacht umfasst genau zehn Teile, und der Tag acht Teile.

23 Und die Sonne geht aus jenem dritten Thore hervor und geht im dritten Tor im Westen unter und kehrt nach Osten zurück und geht im zweiten Tor im Osten dreißig Morgen lang auf und geht ebenso im zweiten Tor im Westen des Himmels unter.

24 Und an jenem Tage besteht die Nacht aus elf Teilen und der Tag aus sieben Teilen.

25 Und an jenem Tage geht die Sonne aus jenem zweiten Tor her vor und im Westen im zweiten Tor unter, und kehrt nach Osten zurück in das erste Tor einunddreißig Morgen lang, und im ersten Tor geht sie im Westen des Himmels unter.

26 Und an jenem Tage ist die Nacht am längsten und beträgt das Doppelte des Tages, die Nacht umfasst genau zwölf Teile und der Tag sechs Teile.

27 Hiermit hat die Sonne ihre Bahnabschnitte durchlaufen und lenkt wieder um auf diesen Abschnitten und tritt in alle ihre Thore ein dreißig Morgen lang und geht auch gegenüber im Westen unter.

28 Und an jenem Tage hat die Nacht an Länge um ein Neuntel abgenommen, das ist ein Teil, und besteht aus elf Teilen und der Tag aus sieben Teilen.

29 Und die Sonne ist umgekehrt und in das zweite östliche Tor eingetreten und kehrt nun auf diesen ihren Bahnabschnitten zurück dreißig Morgen lang, auf- und untergehend.

30 Und an jenem Tage nimmt die Nacht an Länge ab und besteht aus zehn Teilen und der Tag aus acht Teilen.

31 Und an jenem Tage geht die Sonne aus jenem zweiten Tor hervor und geht im Westen unter und kehrt nach Osten zurück und geht im dritten Tor auf einunddreißig Morgen lang und geht im Westen des Himmels unter.

32 Und an jenem Tage nimmt die Nacht wiederum ab und besteht aus neun Teilen, und der Tag besteht aus neun Teilen, somit gleicht sich die Nacht mit dem Tage aus, und das Jahr umfasst genau dreihundert und vierundsechzig Tage.

33 Und die Länge des Tages und der Nacht und die Kürze des Tages und der Nacht — infolge des Laufs der Sonne fallen sie verschieden aus.

34 Und so kommt es, dass ihr Lauf von Tag zu Tag länger und von Nacht zu Nacht kürzer wird.

35 Und das ist das Gesetz und der Lauf der Sonne und ihre Rückkehr, so oft — sechzigmal — zurück kommt und aufgeht jenes große Licht, welches Sonne genannt wird immer und ewiglich.

36 Und das, was so aufgeht, ist das große Licht und wird nach seiner Erscheinung genannt, wie der Herr befohlen hat.

37 Wie sie aufgeht, so geht sie unter, sie nimmt nicht ab und ruht nicht, sondern läuft Tag und Nacht, und ihr Licht ist siebenmal heller als das des Mondes; aber an Größe sind die beiden gleich. (Jes 30,26)

Über den Mond

73 1 Und nach diesem Gesetz sah ich ein anderes Gesetz für das kleine Licht, welches Mond genannt wird.

2 Und sein Umkreis ist wie der Umkreis des Himmels, und seinen Wagen, auf dem es fährt, treibt der Wind, und nach Maß wird ihm das Licht gegeben.

3 Und in jedem Monat verändert sich sein Auf- und Untergang, und seine Tage sind wie die Tage der Sonne, und wenn sein Licht voll geworden ist, dann

beträgt es den siebenten Teil des Lichtes der Sonne

4 Und so geht er auf. Die erste Sichel im Osten tritt am dreißigsten Morgen hervor, am jenem Tage wird er sichtbar und wird für euch zum Mondesanfang am dreißigsten Tage zugleich mit der Sonne in dem Tor, in welchem die Sonne aufgeht.

5 Und die eine Hälfte von ihm ist mit einem Siebentel sichtbar, und sein ganzer übriger Umkreis ist leer, und hat kein Licht bis auf das Siebentel, das ist ein Vierzehntel seines ganzen Lichtes.

6 Wann er aber ein Siebentel und ein halbes Siebentel von seinem Lichte annimmt, so macht sein Licht ein Dreizehntel des Ganzen und ein halbes dazu aus.

7 Und er geht mit der Sonne unter, und wenn die Sonne aufgeht, geht er mit ihr auf und nimmt die Hälfte eines Lichtteiles an, und in jener Nacht, bei Beginn seines Morgens, am Anfang seines Tages, geht der Mond mit der Sonne unter und ist unsichtbar in jener Nacht mit seinen dreizehn Teilen und der Hälfte von einem.

8 Und er wird an jenem Tage mit genau einem Siebentel sichtbar und geht auf und weicht ab vom Aufgang der Sonne und an seinen übrigen Tagen leuchtet er mit den andern dreizehn Teilen.

<table><tr><td>**74**</td></tr></table>

1 Und eine andere Bahn und ein anderes Gesetz sah ich für ihn, indem er nach jenem Gesetz seinen monatlichen Lauf zustande bringt.

Über die Anzahl der Tage eines Jahres

2 Und dies alles zeigte mir Uriel, der heilige Engel, welcher der Führer von ihnen allen ist, und ich schrieb ihre Stellungen auf, wie er sie mir zeigte, und schrieb ihre Monate nieder, so wie sie sind, und die Erscheinung ihres Lichtes, bis fünfzehn Tage um sind.

3 In einzelnen Siebenteln macht er sein ganzes Licht im Osten voll, und in Siebenteln macht er seine ganze Finsternis im Westen voll

4 In bestimmten Monaten ändert er seinen Untergang, und in bestimmten Monaten geht er seine besondere Bahn.

5 In zwei Monaten geht er der Mond mit der Sonne unter in jenen beiden mittleren Toren, nämlich dem dritten und vierten Tor.

6 Er geht sieben Tage lang hervor, macht seinen Umlauf und kehrt wieder zu dem Tor zurück, wo die Sonne aufgeht, da macht er sein ganzes Licht voll, lenkt ab von der Sonne und tritt im Verlauf von acht Tagen in das sechste Tor ein, aus dem die Sonne hervorzugehen pflegt.

7 Und wenn die Sonne aus dem vierten Tor hervorgeht, geht er sieben Tage daselbst hervor, bis er aus dem fünften hervorgeht, und kehrt wiederum in sieben Tagen in das vierte Tor zurück und macht sein ganzes Licht voll, weicht ab und tritt im Verlauf von acht Tagen in das erste Thor ein.

8 Und wiederum kehrt er in sieben Tagen in das vierte Tor zurück, aus dem die Sonne hervorgeht.

9 So sah ich ihre Stellungen, wie die Monde aufgehen und die Sonne untergeht.

10 In jenen Tagen hat, wenn man fünf Jahre zusammenaddiert, die Sonne dreißig Tage Überschuss, aber alle Tage, die ihr für eins von jenen fünf Jahren zukommen, betragen, wenn sie voll sind, 364 Tage.

11 Und der Überschuss der Sonne und der Sterne beläuft sich auf sechs Tage, für fünf Jahre je sechs macht dreißig Tage: der Mond bleibt also hinter der Sonne und den Sternen um dreißig Tage zurück.

12 Aber der Mond führt lauter genaue Jahre herbei, so dass ihre Stellung nie vorauseilt oder zurückbleibt auch nur um einen Tag, sondern die Monde vollziehen den Jahreswechsel richtig in genau 364 Tagen.

13 Drei Jahre haben 1092 Tage, und fünf Jahre 1820 Tage, so dass für acht Jahre 2912 Tage herauskommen.

14 Für den Mond allein belaufen sich die Tage in drei Jahren auf 1062, und in fünf Jahren bleibt er um fünfzig Tage zurück.

15 Somit ergeben sich für fünf Jahre 1770 Tage, so dass für den Mond bei acht Jahren 2832 Tage herauskommen. Denn zu der obigen Summe (d. i. 1770) müssen (1000 +) 62 hinzugefügt werden.

16 Es sind nämlich in acht Jahren seine Tage um achtzig zurückgeblieben. Die Gesamtzahl der Tage also, die er hinter acht Sonnenjahren zurück geblieben ist, beträgt achtzig.

17 Und das Jahr wird richtig zum Schluss gebracht nach ihren, der Monde, Weltstationen und den Stationen der Sonne, sofern Sonne und Mond aus den Toren aufgehen, in denen die Sonne dreißig Tage auf- und untergeht.

Über die tausenden Sterne

75 1 Und die Führer der Häupter der Tausende, die über die ganze Schöpfung und über alle Sterne gesetzt sind, sind mit jenen vier eingeschalteten Tagen, als unzertrennlich von ihrem Amt, nach der Berechnung des Jahres verbunden, und sie tun ihren Dienst an den vier Tagen, die in der Berechnung des Jahres nicht mitgerechnet werden.

2 Und ihretwegen sind die Menschen im Irrtum über sie, denn jene Lichter leisten in Wahrheit Dienste an den Weltstationen eins im ersten und eins im dritten, eins im vierten und eins im sechsten Thore, und die Harmonie des Weltlaufes wird in dreihundertvierundsechzig einzelnen Weltstationen zustande gebracht.

3 Denn die Zeichen und Zeiten, die Jahre und Tage zeigte mir der Engel Uriel, den der Herr der Herrlichkeit auf ewig über alle himmlischen Lichter am Himmel und in der Welt gesetzt hat, damit sie an der Oberfläche des Himmels regieren und auf Erden sichtbar seien und Führer würden für Tag und Nacht, nämlich Sonne, Mond und Sterne und alle dienenden Geschöpfe, die in allen Wagen des Himmels ihre Umfahrt machen.

4 Ebenso zeigte mir Uriel zwölf Türöffnungen in dem Rund des Sonnenwagens am Himmel, aus denen die Sonnenstrahlen hervorbrechen, und aus denen die Wärme über die Erde hin hervorgeht, wenn sie zu den Zeiten, die für sie bestimmt sind, geöffnet werden.

5 Und solch) für die Winde und den Geist des Taus, wenn sie geöffnet werden, offenstehend am Himmel an den Enden.

6 Zwölf Tore sah ich am Himmel über den Enden der Erde, aus denen Sonne, Mond und Sterne und alle Himmelskörper im Osten und Westen hervorgehen.

7 Und viele Fensteröffnungen zur Rechten und zur Linken, aber ein Fenster spendet zu seiner Zeit die Wärme, entsprechend jenen Toren, aus denen die Sterne hervorgehen, so wie er ihnen befohlen hat, und in denen sie untergehen nach ihrer Zahl.

8 Und ich sah Wagen am Himmel durch den Weltraum laufen oberhalb jener Tore, in denen die nie untergehenden Sterne kreisen.

9 Und einer ist größer als sie alle, und der ist es, der den ganzen Weltraum umkreist.

Über die Winde

76 1 Und an den Enden der Erde sah ich nach allen Richtungen hin zwölf Tore geöffnet, aus denen die Winde hervorgehen und über die Erde hinwehen.

2 Drei davon sind offen an der Vorderseite des Himmels und drei an der Abendseite, drei auf der rechten Seite des Himmels und drei auf der linken.

3 Und die drei ersten sind die nach Osten zu, und drei nach Norden, und drei hinter denen zur Linken, nach Süden zu, und drei im Westen.

4 Durch vier von ihnen kommen Winde des Segens und des Heils, und aus jenen acht kommen Winde des Unheils; wenn sie entsendet werden, bringen sie Verheerung über die ganze Erde und das Wasser auf ihr und über alle, die sie bewohnen, und über alles, was im Wasser und auf dem Trocknen ist.

5 Und der erste Wind aus jenen Toren, welcher der östliche heißt, kommt durch das erste Tor, das im Osten liegt mit einer Wendung nach Süden zu, aus ihm kommen Verwüstung, Trockenheit, Hitze und Verderben hervor.

6 Und durch das zweite mittlere Tor geht die gerade Richtlinie hindurch, und es kommen daraus hervor Regen, Fruchtbarkeit, Wohlsein und Tau. Und durch das dritte Tor, das gegen Norden zu liegt, kommen Kälte und Trockenheit hervor.

7 Und nach diesen kommen die südlichen Winde durch drei Tore hervor, als erster kommt durch das erste derselben, das dem Osten zugekehrt ist, der Glutwind hervor;

8 und durch das mittlere Tor, das daneben liegt, kommen Wohlgerüche, Tau, Regen, Wohlsein und Gesundheit hervor.

9 Und durch das dritte Tor, das nach Westen zu liegt, kommen Tau, Regen, Heuschrecken und Verwüstung hervor.

10 Und darnach die Winde aus Norden, der auch Meer heißt, ein Name, der jedoch verschwunden ist, aus dem siebenten Tor, das nach Osten zu liegt, mit einer Wendung nach Süden gehen Tau, Regen, Heuschrecken und Verwüstung hervor.

11 Und aus dem mittleren Tor mit gerader Richtung gehen Gesundheit, Regen, Tau und Wohlsein hervor, und aus dem dritten Tor noch Westen zu, mit einer Wendung nach Norden, gehen Nebel, Reif, Schnee, Regen, Tau und Heuschrecken hervor.

12 Und danach, viertens, die Westwinde: durch das erste Tor, das dem Norden zugekehrt ist, gehen Tau, Reif, Kälte, Schnee und Frost hervor,

13 und aus dem mittleren Tor kommen Tau, Regen, Wohlsein und Segen, und aus dem letzten Tor, das dem Süden zugekehrt ist, kommen Trockenheit, Verwüstung, Brand und Verderben hervor.

14 Damit sind die zwölf Tore der vier Himmelsgegenden zu Ende; und alle ihre Gesetze, ihr Unheil und ihr Heil

Habe ich dir, mein Sohn Methusala, gezeigt.

Über die vier Himmelsrichtungen

77 1 Und die erste Weltgegend nennt man die östliche, denn sie ist die vorderste;

2 und die zweite nennt man Süden, denn daselbst steigt der Höchste herab, und ganz besonders kommt da herab der, welcher in Ewigkeit gepriesen ist. Und die Westgegend heißt die abnehmende, weil daselbst alle Lichter des Himmels abnehmen und herniedergehen.

3 Und die vierte Weltgegend, welche Norden heißt, wird in drei Teile geteilt; der erste davon ist die Wohnung für die Menschen, der zweite ist mit Wassermeeren und Tälern, Wäldern und Flüssen, Finsternis und Nebel ausgestattet; und der dritte mit dem Garten der Gerechtigkeit.

4 Sieben hohe Berge sah ich, die höher als alle Berge auf Erden waren, und aus ihnen kommt der Reif hervor. Und es schwinden dahin die Tage, Zeiten und Jahre.

5 Sieben Ströme sah ich auf der Erde, größer als alle anderen; einer davon aus dem Westen kommend, ergießt sein Wasser in das große Meer, (Num 34,6-7)

6 und jene zwei kommen vom Norden her zum Meere und ergießen ihr Wasser in das erythräische Meer im Osten.

7 Und die übrigen vier kommen auf der Nordseite hervor und strömen bis zu ihrem Meere, zwei bis zum erythräischen Meere, und zwei ergießen sich in das große Meer daselbst — einige sagen in die Wüste.

8 Sieben große Inseln sah ich im Meere und am Lande, zwei am Lande und fünf im großen Meere.

Weiteres über Sonne und Mond

78 1 Und die Namen der Sonne sind folgende: der erste Orjares und der zweite Tomas.

2 Und der Mond hat vier Namen: der erste Asonja, der zweite Ebla, der dritte Benase, der vierte Era'ĕ.

3 Das sind die beiden großen Lichter; ihr Umkreis ist wie der Umkreis des Himmels, und die Größe des Umkreises der beiden ist gleich.

4 In dem Rund der Sonne sind sieben Lichtteile, um welche sie reicher ist als der Mond, und nach bestimmtem Maße wird davon in den Mond hinein getan, bis der siebente Teil der Sonne zu Ende ist.

5 Und sie gehen unter und treten in die Tore des Westens ein, und beschreiben

ihren Kreislauf über den Norden und treten durch die östlichen Tore an die Oberfläche des Himmels hervor.

6 Und wenn der Mond sich erhebt, wird er am Himmel sichtbar, indem die Hälfte eines Siebentels Licht in ihm ist, und in vierzehn Tagen macht er sein ganzes Licht voll.

7 Auch dreimal fünf Teile Licht werden in ihn hinein getan, sodass bis zum fünfzehnten Tage sein Licht voll wird nach dem Zeichen des Jahres, und er wird zu dreimal fünf Teilen. Der Mond entsteht also durch die Hälften eines Siebentels.

8 Und bei seiner Abnahme verringert er sich am ersten Tage bis zu vierzehn seiner Lichtteile, am zweiten bis zu dreizehn, am dritten zu zwölf, am vierten zu elf, am fünften zu zehn, am sechsten zu neun, am siebenten zu acht, am achten zu sieben, am neunten zu sechs, am zehnten zu fünf, am elften zu vier, am zwölften zu drei, am dreizehnten zu zwei, am vierzehnten bis zur Hälfte eines Siebentels seines ganzen Lichtes, und am fünfzehnten verschwindet der Rest vom Ganzen.

9 Und in bestimmten Monaten hat der Mond je neunundzwanzig Tage, und einmal achtundzwanzig.

10 Und noch eine andere Anordnung zeigte mir Uriel, nämlich darüber, wann dem Monde Licht zugeteilt wird, und auf welcher Seite es ihm von der Sonne zuerteilt wird.

11 Die ganze Zeit, da der Mond in seinem Lichte fortschreitet, tut er solches in sich hinein der Sonne gegenüber stehend; binnen vierzehn Tagen wird sein Licht voll, aber erst wenn er ganz in Flammen steht, ist sein Licht am Himmel voll.

12 Am ersten Tage wird er Neumond genannt, denn an diesem Tage tritt das Licht an ihm hervor.

13 Und er wird genau an dem Tage voll, da die Sonne im Westen hinabsinkt und er vom Osten her nachts emporsteigt; und der Mond leuchtet die ganze Nacht, bis die Sonne ihm gegenüber aufgeht, und er der Sonne gegenüber gesehen wird.

14 Und da wo das Licht des Mondes hervortritt, da nimmt es auch wieder ab, bis sein ganzes Licht verschwindet, und die Tage des Monats zu Ende gehen, und sein Rund leer bleibt ohne Licht.

15 Und drei Monate lang bringt er es auf je dreißig Tage, und zu seiner Zeit drei Monate lang auf je neunundzwanzig Tage, in denen er seine Abnahme bewerkstelligt in der ersten Zeithälfte und im ersten Thore in einhundert und siebenundsiebzig Tagen.

16 Und in der Zeit seines Ausgangs erscheint er drei Monate lang je dreißig Tage und drei Monate lang je neunundzwanzig Tage.

17 Bei Nacht erscheint er je zwanzig Tage lang wie ein Mann, und bei Tage wie der Himmel, denn etwas anderes als sein Licht ist nicht in ihm.

79 1 Und nun, mein Sohn, habe ich dir alles gezeigt, und zu Ende ist das Gesetz aller Sterne der Himmel.

2 Und er zeigte mir das ganze Gesetz derselben für jeden Tag, für jede Zeit, die gerade die Herrschaft führt, und für jedes Jahr und seinen Ausgang, und nach den Vorschriften für jeden Monat und alle Wochen,

3 und die Abnahme des Mondes, die im sechsten Tor stattfindet, denn in diesem sechsten Tor wird sein Licht voll und darnach tritt der Anfang der Abnahme ein,

4 und die Abnahme, die im ersten Tor stattfindet zu seiner Zeit, bis einhundert und siebenundsiebzig Tage zu Ende sind, und in der Rechnung nach Wochen fünfundzwanzig Wochen und zwei Tage;

5 und wie er hinter der Sonne und nach der Ordnung der Sterne genau fünf Tage in einem Zeitabschnitt zurück-

bleibt und wann dieser Standort, den du jetzt siehst, abgetan ist.

6 Das ist das Bild und die Skizze eines jeden Lichtes, wie der große Engel Uriel, ihr Führer, sie mir zeigte.

Auf das Ende hin in den Tagen der Sünder

80 1 Und in jenen Tagen antwortete mir der Engel Uriel und sprach zu mir: »Siehe, ich habe dir alles gezeigt, o Henoch, und habe dir alles offenbart, dass du sehen solltest diese Sonne und diesen Mond, und diejenigen, welche die Sterne des Himmels führen, und alle, die sie wenden, ihre Art und Weise, ihre Zeiten und ihre Ausgänge.

2 Und in den Tagen der Sünder werden die Jahre kürzer werden, und ihre Saat wird sieh auf ihrem Lande und auf ihrem Ackerfelde verspäten, und alle Dinge auf Erden werden sich ändern und werden nicht zum Vorschein kommen zu ihrer Zeit, und der Regen wird zurückgehalten werden, und der Himmel wird ihn festhalten. (Jer 3,3)

3 Und in jenen Zeiten werden die Früchte der Erde sich verspäten und werden nicht schwellen zu ihrer Zeit, und die Früchte der Bäume werden aufgehalten werden in ihrer Zeit.

4 Und der Mond wird seine Ordnung ändern und wird nicht erscheinen zu seiner Zeit.

5 Und in jenen Tagen wird am Himmel eine große Unfruchtbarkeit gesehen werden, kommend auf dem äußersten Wagen nach Westen, und er wird heller erscheinen, als es die Ordnung des Lichtes bestimmt.

6 Und viele Häupter der Ordnungs-sterne werden in der Irre gehen, und diese werden ihre Bahnen und ihr Tun ändern, und werden nicht zu den Zeiten, die für sie festgesetzt waren, erscheinen.

7 Und die ganze Ordnung der Sterne wird den Sündern verschlossen sein, und die Gedanken derer, die auf Erden wohnen, werden in der Irre sein über sie, sie werden von allen ihren Wegen abweichen und sie werden im Irrtum sein und sie für Götter halten.

8 Und das Unglück, das sie trifft, wird vielfältig sein, und das Strafgericht wird über sie kommen, um alle zu vernich-ten.«

Verheißung und Lobpreis

81 1 Und er sprach zu mir: »Betrachte, o Henoch, diese himmlischen Tafeln und lies, was darauf geschrieben ist, und merke dir alles einzelne«.

2 Und ich betrachtete die himmlischen Tafeln, und las alles, was darauf ge-schrieben war, und merkte mir alles und las das Buch aller Werke der Menschen und aller Fleischgeborenen auf Erden bis in die fernsten Geschlechter.

3 Und darnach pries ich den großen Herrn, den König der Herrlichkeit für alle Zeit, dass er die ganze Schöpfung der Welt gemacht hat, und ich rühmte den Herrn wegen seiner Geduld und pries ihn wegen der Söhne Adams.

4 Darauf sagte ich: »Selig der Mann, der als ein Gerechter und Guter stirbt, über den gar keine Schrift der Ungerechtig-keit niedergeschrieben ist, noch am Tage des Gerichts vorgefunden wird.«

5 Und jene sieben Heiligen brachten mich und setzten mich auf die Erde vor die Tür meines Hauses und sprachen zu mir: »Tue alles deinem Sohn Methusala kund und zeige allen deinen Kindern, dass kein Sterblicher vor dem Herrn gerecht ist, denn er ist ihr Schöpfer.

6 Ein Jahr wollen wir dich bei deinem Sohne lassen, bis du wieder gekräftigt bist, damit du deine Kinder belehrst, und es für sie niederschreibst und es allen deinen Kindern bezeugst; aber im andern Jahre wird man dich wegneh-men aus ihrer Mitte.

7 Sei guten Mutes, denn die Guten wer-den den Guten die Gerechtigkeit kund-

tun, der Gerechte wird mit dem Gerechten sich freuen, und sie werden sich untereinander beglückwünschen.

8 Der Sünder aber wird mit dem Sünder sterben und der Abtrünnige mit dem Abtrünnigen versinken.

9 Und die, welche Gerechtigkeit üben, werden um der Taten der Menschen willen sterben und werden eingesammelt werden wegen des Tuns der Gottlosen.« (Jes 57,1)

10 Und in jenen Tagen hörten sie auf mit mir zu reden, und ich kam zu meinen Leuten, indem ich den Herrn der Welt pries.

82 1 Und nun, mein Sohn Methusala, erzähle ich dir alle diese Dinge und schreibe sie für dich auf, und alles habe ich dir offenbart und habe dir die Schriften über dies alles gegeben; so bewahre denn, mein Sohn, das Buch von der Hand deines Vaters und gib acht, dass du es den Geschlechtern der Welt überlieferst.

2 Weisheit habe ich dir und deinen Kindern und deinen künftigen Nachkommen gegeben, dass sie ihren Kindern auf Geschlechter hinaus diese Weisheit überliefern, die ihr Verständnis übersteigt.

3 Und welche Verstand haben, werden nicht schlafen, sondern mit ihren Ohren aufhorchen, um diese Weisheit zu lernen, und sie wird denen, die davon essen, mehr gefallen als treffliche Speisen.

4 Selig sind alle Gerechten, selig sind alle, die auf dem Wege der Gerechtigkeit wandeln und nicht sündigen wie die Sünder in der Zählung aller ihrer Tage, an denen die Sonne am Himmel wandelt, in den Thoren ein- und ausgehend dreißig Tage lang mit den Häuptern über Tausend aus der Ordnung der Sterne samt den vier eingeschalteten, welche zwischen den vier Jahresteilen scheiden, die sie führen und mit denen sie an vier Tagen eintreten.

5 Ihretwegen verfallen die Menschen in Irrtum und rechnen sie nicht in der Rechnung des ganzen Weltlaufs, weil die Menschen nichts von ihnen wissen und sie nicht genau kennen.

6 Denn sie gehören in die Rechnung des Jahres und sind der Wahrheit gemäß darin aufgezeichnet für immer, einer im ersten Tor, einer im dritten, einer im vierten und einer im sechsten, und das Jahr wird vollständig in dreihundert und vierundsechzig Tagen.

7 Der Bericht darüber ist wahrhaftig und die aufgezeichnete Berechnung

genau, denn die Lichter und die Monate und die Feste, Jahre und Tage hat mir Uriel gezeigt und eingegeben, dem der Herr der ganzen Weltschöpfung für mich Befehl gegeben hatte über das Heer des Himmels.

8 Und er hat die Macht über Nacht und Tag am Himmel, um das Licht über die Menschen scheinen zu lassen: Sonne Mond und Sterne und alle Himmelsmächte, die umlaufen in ihren Kreisen.

9 Und das ist die Ordnung der Sterne, die an ihren Orten, zu ihren Zeiten an ihren Festen und Monaten untergehen.

10 Und das sind die Namen ihrer Führer, welche achtgeben, dass sie eintreten zu ihren Fristen, die sie führen an ihren Orten, nach ihren Ordnungen, zu ihren Zeiten, in ihren Monaten, in ihren Herrschaftsgebieten und Stellungen.

11 Ihre vier Führer, die die vier Jahresteile scheiden, treten zuerst auf, und nach ihnen die zwölf Führer der Ordnungen die die Monate scheiden, und für die dreihundertundsechzig sind es die Häupter über Tausend, welche die Tage scheiden, und für die vier Schalttage sind diejenigen die Führer, welche die vier Jahresteile scheiden.

12 Und von jenen Häuptern über Tausend wird je eins zwischen Führer und Geführtem hinter der Stelle eingescho-

ben, und ihre Führer vollziehen die Scheidung.

13 Und das sind die Namen der Führer, welche die vier festgesetzten Jahresteile scheiden: Malkiel, Elimelech, Melejal und Narel

14 Und die Namen derer, welche sie führen: Adnarel, Ijasusael und Ijelumiel; diese drei folgen den Taxiarchen, und einer folgt den drei Taxiarchen, die jenen Toparchen folgen, welche die vier Jahreszeiten scheiden,

15 Im Anfang des Jahres geht zuerst Malkiel auf und herrscht, der Tama'ani und Sonne genannt wird, und die ganze Zeit seiner Herrschaft, in der er regiert, sind einundneunzig Tage.

16 Und das sind die Kennzeichen der Tage, die sich auf Erden zeigen müssen in den Tagen seiner Herrschaft: Schweiß, Hitze und Windstille; alle Bäume treiben Früchte, die Blätter kommen zum Vorschein an allen Bäumen, Weizenernte und Rosenblüte, allerlei Blumen, sprossend auf dem Felde, und die Winterbäume werden dürr.

17 Und das sind die Namen der untergeordneten Führer: Barkiel, Zalbesael und ein anderer, der hinzugefügt

wird, ein Chiliarch,[6] heisst Helojaseph; damit sind die Tage der Herrschaft derselben zu Ende.

18 Der andere Führer, der nach ihnen kommt, ist Elimelech, den man leuchtende Sonne nennt; und alle Tage seines Lichtes betragen einundneunzig Tage.

19 Und das sind die Kennzeichen seiner Tage auf Erden: Glut und Trockenheit und die Bäume bringen ihre Früchte zur Reife und bieten alle ihre Früchte ausgereift und gezeitigt dar; und die Schafe paaren sich und werden trächtig; und man sammelt alle Früchte der Erde und alles, was auf den Feldern ist, und Weinkelterung; das geschieht in den Tagen seiner Herrschaft.

20 Und das sind die Namen und Ordnungen und Führer dieser Chiliarchen: Gedael, Keel und Heel, und der Name des Chiliarchen, der noch zu ihnen hinzukommt, ist Asfael; damit sind die Tage seiner Herrschaft zu Ende.

Teil 4: Das Buch der Traumgesichte (Kap 83-90)

83 1 Und nun, mein Sohn Methusala, will ich dir alle meine Gesichte zeigen, die ich gesehen habe, sie vor dir erzählend.

2 Zwei Gesichte habe ich gesehen, ehe ich ein Weib nahm, und das eine davon hat keine Ähnlichkeit mit dem andern. Zuerst, als ich das Schreiben erlernte, und zum andern Mal, bevor ich deine Mutter nahm, hatte ich ein schreckliches Gesicht, und flehte um derselben willen zum Herrn.

Der erste Traum: Die Erde ist untergegangen!

3 Ich hatte mich niedergelegt im Hause meines Großvaters Malaleel, da sah ich im Gesicht den Himmel zusammenstürzen, schwinden und auf die Erde fallen.

4 Und als er auf die Erde fiel, sah ich, wie die Erde in einem tiefen Abgrunde verschlungen wurde, wie die Berge über den Bergen hingen, und Hügel über Hügel versanken, und hohe Bäume von ihren Stämmen abgeknickt, und hingeschleudert wurden und in den Abgrund versanken.

5 Und dabei fiel eine Rede in meinen Mund, und ich erhob meine Stimme, um zu schreien, und sprach: »Die Erde ist untergegangen!«

6 Da weckte mich mein Großvater, Malaleel, während ich neben ihm lag, und sprach zu mir: »Was schreist du so,

---

[6] = Führer einer Tausendschaft

mein Sohn, und warum erhebst du solchen Wehruf?«

7 Da erzählte ich ihm das ganze Gesicht, das ich gesehen hatte, und er sprach zu mir: »Schreckliches hast du gesehen, mein Sohn, und schwerwiegend ist dein Traumgesicht: es betrifft die Geheimnisse aller Sünden der Erde, und sie muss in die Abgründe versinken und untergehen in gewaltigem Untergange.

8 Und nun, mein Sohn, erhebe dich, und flehe zu dem Herrn der Herrlichkeit, denn du bist ein Gläubiger, dass ein Rest auf Erden übrig bleibe, und er nicht die ganze Erde vertilge.

9 Mein Sohn, vom Himmel wird das alles über die Erde kommen, und auf Erden wird eine gewaltige Vernichtung stattfinden.«

10 Darnach stand ich auf, betete, flehte und bat und schrieb mein Gebet nieder für die Geschlechter der Welt, und ich werde dir alles zeigen, mein Sohn Methusala.

11 Und als ich unten hinaus getreten war und den Himmel sah und die Sonne im Osten hervorgehen und den Mond im Westen untergehen und einige Sterne und die ganze Erde und alles, wie er es im Anfang erschaffen hatte, da pries ich den Herrn der Gerichts und gab ihm Ehre, dass er die Sonne aus den Fenstern des Ostens hatte hervorgehen lassen, dass sie aufgestiegen und aufgegangen war an der Oberfläche des Himmels, ihren Weg nahm und die Bahn, die ihr gezeigt war, weiter ging.

Henochs Fürbitte

84 1 Und ich erhob meine Hände in Gerechtigkeit und pries den Heiligen und Großen und redete mit dem Hauch meines Mundes und mit der Fleischeszunge, die Gott den fleischgeborenen Menschen geschaffen hat, dass sie damit reden, und er gab ihnen den Odem, die Zunge und den Mund, dass sie damit reden.

2 »Gepriesen seist du, o Herr, König, groß und mächtig in deiner Majestät, Herr der ganzen Schöpfung des Himmels, König der Könige und Gott der ganzen Welt! Deine Gottheit, dein Königtum, deine Majestät bleibt fort und fort und in alle Ewigkeit und deine Herrschaft durch alle Geschlechter, alle Himmel sind dein Thron auf ewig, und die ganze Erde der Schemel deiner Füße fort und fort und in alle Ewigkeit, (Jes 66,1-2; Mat 5,34-35; Apg 7,49)

3 Denn du hast alles geschaffen und regierst alles, und nichts ist dir zu schwer, auch gar nichts; keinerlei Weisheit entgeht dir, noch wendet sie sich ab von ihrem Lebensgrunde, deinem Throne,

und von deinem Angesicht; du weißt und siehst und hörst alles, und es gibt nichts, was dir verborgen wäre, denn du siehst alles.

4 Und nun sündigen die Engel deiner Himmel, und auf dem Fleisch der Menschen ruht dein Zorn bis auf den großen Tag des Gerichtes.

5 Und nun, Gott und Herr und großer König, flehe und bitte ich, mir meine Bitte zu gewähren, dass du mir eine Nachkommenschaft auf Erden übrig lässt, nicht alles Fleisch der Menschen vertilgst, und die Erde nicht entvölkerst, so dass ewig Vernichtung herrsche.

6 Und nun, mein Herr, vertilge von der Erde das Fleisch, das dich erzürnt hat, aber das Fleisch der Gerechtigkeit und Rechtschaffenheit stelle hin als eine Samen tragende Pflanze für ewig und verbirg nicht dein Antlitz vor der Bitte deines Knechtes, o Herr.«

Der zweite Traum: Die Tierapokalypse

85 1 Und darnach sah ich einen anderen Traum, und ich werde dir den ganzen Traum vorführen, mein Sohn.

2 Und Henoch erhob seine Stimme und sprach zu seinem Sohne Methusala:

»Zu dir will ich sprechen, mein Sohn; höre meine Rede und neige dein Ohr dem Traumgesicht deines Vaters.

3 Ehe ich deine Mutter Edna nahm, schaute ich im Gesicht auf meinem Lager, und siehe es kam ein Stier aus der Erde hervor, und jener Stier war weiß;[7] und danach kam ein junges weibliches Rind[8] hervor, und mit ihm kamen zwei Farren, der eine von ihnen war schwarz[9] und der andere rot.[10]

4 Und jener schwarze Farre stieß den roten und verfolgte ihn über die Erde hin; und ich konnte von da an jenen roten Farren nicht mehr sehen.

5 Und jener schwarze Farre wuchs heran, und es kam zu ihm eine Färse, und ich sah, wie viele Rinder von ihm kamen, ihm gleichend und ihnen nachfolgend.

6 Jene Kuh aber, jene erste, ging weg von dem Angesichte jenes ersten Stieres, um jenen roten Farren zu suchen, doch sie fand ihn nicht; da erhob sie ein großes Wehgeschrei nach ihm und suchte weiter.

7 Und ich sah zu, bis jener erste Stier zu ihr kam und sie beruhigte, und von jener Stunde an schrie sie nicht mehr.

---

[7] = Adam

[8] =Eva

[9] =Kain

[10] =Abel

5 Und darauf gebar sie einen anderen weißen Stier,[11] und nach ihm gebar sie noch viele schwarze Stiere und Kühe.

9 Und ich sah in meinem Schlafe jenen weißen Stier, wie er ebenfalls wuchs und ein großer weißer Stier wurde, und wie viele weiße Rinder von ihm ausgingen und ihm glichen.

10 Und sie fingen an, viele weiße ihnen gleichende Rinder zu zeugen, und es folgte eins dem andern.[12]

86 1 Und weiter schaute ich mit meinen Augen, während ich schlief, und ich sah den Himmel oben, und siehe ein Stern fiel vom Himmel, erhob sich, fraß und weidete unter jenen Rindern.[13]

2 Und danach sah ich große und schwarze Stiere, und siehe sie wechselten alle ihre Hürde, ihre Weide und ihre Färsen und fingen an einer nach dem andern hin zu schreien.

3 Und abermals schaute ich im Gesicht und blickte den Himmel an, und siehe ich sah viele Sterne herabfallen und vom Himmel stürzen zu jenem ersten Stern, und unter jenen Färsen wurden sie zu Stieren und weideten bei ihnen in ihrer Mitte.[14]

4 Und ich blickte sie an und schaute hin, und siehe, sie alle streckten ihre Schamteile heraus wie Hengste und begannen auf die Kühe der Farren zu steigen, und sie wurden alle trächtig und gebaren Elefanten, Kamele und Esel.[15]

5 Und alle die Stiere fürchteten sich und erschraken vor ihnen; und sie fingen an mit ihren Zähnen zu beißen und zu verschlingen und mit ihren Hörnern zu stoßen.

6 Und sie begannen sogar jene Stiere aufzufressen, und siehe alle Kinder der Erde fingen an zu zittern und vor ihnen zu beben und zu fliehen.

87 1 Und weiter sah ich sie, wie sie anfingen einander zu stossen und einander zu verschlingen, und die Erde begann zu schreien.

2 Und ich erhob meine Augen abermals gen Himmel und schaute im Gesicht, und siehe es kam aus dem Himmel hervor wie die Gestalten von weißen Menschen, und vier traten hervor aus jenem Ort und drei mit ihnen.

3 Und jene drei, die zuletzt herausgetreten waren, fassten mich bei der

---

[11] =Seth
[12] = der Stammbaum Seths
[13] = der Versucher

[14] = die Verunreinigung der Engel mit Menschenfrauen
[15] = die Riesen

Hand, hoben mich auf fort von den Geschlechtern der Erde, brachten mich hinauf an einen hohen Ort und zeigten mir einen Turm hochragend über die Erde hin, und alle Hügel waren klein dagegen.

4 Und sie sprachen zu mir: »Bleibe hier, bis dass du alles siehst, was über diese Elefanten, Kamele und Esel und über die Sterne, über die Stiere, kurz über alle kommen wird.«

88 1 Und ich sah einen von jenen vier, die zuerst hervorgetreten waren, wie er jenen ersten Stern, der vom Himmel gefallen war, ergriff, ihn an Händen und Füssen band und in die Tiefe legte; und jene Tiefe war eng und tief, schaurig und finster.

2 Und einer von ihnen zog das Schwert und gab es jenen Elefanten, Kamelen und Eseln, und sie fingen an, einander zu schlagen, dass die ganze Erde ihretwegen erbebte.

3 Und als ich im Gesicht weiter schaute, siehe, da warf einer von jenen vier, die hervorgekommen waren, sie vom Himmel herab, und man sammelte und nahm alle die großen Sterne, deren Scham wie die Scham der Rosse war, und er band sie alle an Händen und

Füssen und legte sie in eine Kluft der Erde.[16]

89 1 Und einer von jenen vier ging zu jenem weißen Stier und belehrte ihn über ein Geheimnis, ohne dass er zitterte; jener war als Stier geboren und wurde nun zu einem Menschen, und er zimmerte sich ein großes Fahrzeug und wohnte darauf, und drei Stiere wohnten mit ihm auf jenem Fahrzeug, und es wurde über ihnen zugedeckt.[17]

2 Und ich erhob abermals meine Augen gen Himmel und sah ein hohes Dach und sieben Wasserläufe auf ihm, und diese Wasserläufe ergossen sich mit gewaltiger Wassermasse in eine Umfriedung.

3 Und ich schaute abermals, und siehe die Quellen am Boden öffneten sich in jener großen Umfriedung, und das Wasser fing an aufzusprudeln und sich über den Boden zu erheben, und ich sah immerfort nach jener Umfriedung, bis schließlich die ganze Bodenfläche mit Wasser bedeckt war.

4 Und das Wasser, die Finsternis und der Nebel nahmen über ihr zu; und ich sah nach der Höhe jenes Wassers, da hatte sich jenes Wasser bis zur Höhe jener Umfriedung erhoben und strömte

---

[16] = das Gericht über sündigen Engel

[17] = Noah, Sem, Ham und Japhet

über jene Umfriedigung und blieb auf der Erde stehen.[18]

5 Und alle Rinder jener Umfriedung waren zusammengeschart, bis ich sah, wie sie untersanken, verschlungen wurden und in jenem Wasser umkamen.

6 Und jenes Fahrzeug schwamm auf dem Wasser, alle Rinder, Elefanten, Kamele und Esel aber sanken zu Boden, samt allem Vieh, so dass ich sie nicht mehr sehen konnte, und waren nicht imstande herauszukommen, sondern gingen zu Grunde und versanken in die Tiefe.

7 Und ich schaute weiter im Gesicht, bis jene Wasserbäche von jenem hohen Dache sich verlaufen, die Spalten der Erde sich ausgeglichen, und andere Tiefen sich aufgetan hatten.

8 Da fing das Wasser an in sie hinabzulaufen, bis die Erde sichtbar wurde, und jenes Fahrzeug setzte sich auf der Erde fest, und die Finsternis entwich, und das Licht erschien.

9 Und eben der weiße Stier, der ein Mann geworden war, trat heraus aus jenem Fahrzeug und die drei Stiere mit ihm, und einer von den Stieren war weiß, gleich jenem Stier,[19] und einer von ihnen war rot wie Blut,[20] und einer schwarz;[21] und eben jener weiße Stier ging fort von ihnen.

10 Und sie fingen an Tiere des Feldes und Vögel zu zeugen, und es entstanden durch sie Arten von allerlei Gestalt: Löwen, Panther, Hunde, Wölfe, Hyänen, Wildschweine, Füchse, Kaninchen, Schweine, Falken, Geier, Weihen, Adler und Raben; auch ein weißer Stier wurde unter ihnen geboren.

11 Und sie fingen an, einander zu beißen. Jener weiße Stier aber, der mitten unter ihnen geboren war, erzeugte einen Wildesel[22] und einen weißen Stier[23] daneben, und der Wildesel mehrte sich.

12 Jener Stier aber, der von ihm gezeugt war, zeugte ein schwarzes Wildschwein[24] und ein weißes Schaf,[25] und jenes zeugte viele Schweine, das Schaf aber zeugte zwölf Schafe.[26]

13 Und als jene zwölf Schafe herangewachsen waren, überlieferten sie eins von ihnen[27] den Eseln,[28] und diese Esel

---

[18] = die Sintflut
[19] = Sem,
[20] = Japhet
[21] = Ham
[22] = Ismael
[23] = Isaak

[24] = Esau
[25] = Jakob
[26] = die zwölf Stämme Israels
[27] = Joseph
[28] = Sklavenhändler

wiederum überlieferten jenes Schaf den Wölfen,[29] und jenes Schaf wuchs unter den Wölfen auf.

14 Und der Herr brachte die elf Schafe herbei, bei ihm zu wohnen und mit ihm zu weiden unter den Wölfen, und sie vermehrten sich und wurden zu vielen Schafherden.[30]

15 Und die Wölfe fingen an sie zu fürchten und bedrückten sie so weit, dass sie ihre Jungen umbrachten, und sie warfen ihre Jungen in einen Fluss mit vielem Wasser; und jene Schafe fingen an zu schreien über ihre Jungen und zum: Herrn zu klagen.

16 Und ein Schaf, das vor den Wölfen gerettet worden war, floh und entrann zu den Wildeseln;[31] und ich sah die Schafe, wie sie wehklagten und schrien und den Herrn baten aus aller Kraft, bis jener Herr der Schafe auf das Rufen der Schafe aus seinem hohen Gemach herabstieg, zu ihnen kam und sie weidete.

17 Und er rief jenes Schaf, das den Wölfen entronnen war, und redete mit ihm über die Wölfe, dass es sie ermahnen sollte, die Schafe nicht anzurühren.

18 Und das Schaf ging zu den Wölfen auf das Geheiß des Herrn, und ein anderes Schaf begegnete ihm und ging mit ihm,[32] und sie gingen und traten beide zusammen in die Versammlung jener Wölfe, und sie redeten mit ihnen und ermahnten sie, von nun an die Schafe nicht mehr anzurühren.

19 Und darnach sah ich die Wölfe, und wie sie die Schafe noch härter behandelten mit aller Gewalt, und die Schafe schrien.

20 Da kam ihr Herr zu den Schafen und fing an, jene Wölfe zu schlagen; [33]und die Wölfe erhoben ein Wehgeheul, die Schafe aber waren still und schrien von da an nicht mehr.

21 Und ich sah die Schafe, bis sie von den Wölfen weggingen,[34] den Wölfen aber waren die Augen geblendet; und jene Wölfe zogen aus, um die Schafe zu verfolgen mit aller ihrer Macht.

22 Und der Herr der Schafe zog mit ihnen, indem er sie führte, und alle Schafe folgten ihm; und sein Antlitz war glänzend, hehr und furchtbar anzuschauen.[35]

---

[29] = Ägypter
[30] = Israel mehrte sich in Ägypten
[31] = Moses in Midian
[32] = Aaron

[33] = die Plagen über Ägypten
[34] = Auszug aus Ägypten
[35] = Gott in der Feuer- und Wolkensäule

23 Die Wölfe aber begannen jene Schafe zu verfolgen, bis dass sie dieselben an
einem Wasserbecken einholten.

24 Und jenes Wasserbecken teilte sich,
und das Wasser stand zu beiden Seiten
vor ihnen;[36] und ihr Herr, der sie führte,
stellte sich zwischen sie und die Wölfe.

25 Und da jene Wölfe die Schafe noch
nicht zu Gesicht bekamen, so zogen sie
mitten in jenes Wasserbecken hinein,
und die Wölfe verfolgten die Schafe
und eilten hinter jenen Schafen her in
jenes Wasserbecken hinein.

26 Und als sie den Herrn der Schafe
erblickten, kehrten sie um, vor seinem
Angesicht zu fliehen, aber das Wasser
jenes Beckens strömte wieder zusammen und nahm plötzlich seine Natur
wieder an, und das Wasser schwoll an
und stieg, bis es jene Wölfe bedeckte.

27 Und ich sah zu, bis alle die Wölfe,
die jene Schafe verfolgt hatten, umgekommen und versunken waren.

28 Die Schafe aber entkamen aus jenem
Wasser und zogen hinaus in die Wüste,
wo es weder Wasser noch Gras gab;
und sie fingen an ihre Augen aufzutun
und zu sehen, und ich sah den Herrn
der Schafe, wie er sie weidete und ihnen

Wasser und Gras gab,[37] und jenes
Schaf, wie es ging und sie führte.

29 Und jenes Schaf stieg auf die Spitze
jenes hohen Felsens, und der Herr der
Schafe sandte es darauf wieder zu
ihnen.[38]

30 Und danach sah ich den Herrn der
Schafe vor ihnen stehen, und sein Aussehen war majestätisch, furchtbar und
hehr, und alle jene Schafe sahen ihn
und fürchteten sich vor seinem
Angesicht.

31 Und sie waren alle in Furcht und
Zittern vor ihm und riefen hinter jenem
Schafe her, das bei ihnen war, nämlich
dem andern Schafe, welches sich in
ihrer Mitte befand: »Wir können nicht
standhalten vor unserm Herrn und
vermögen nicht ihn anzublicken«.

32 Und jenes Schaf, das sie führte,
kehrte um und stieg auf die Spitze jenes
Felsens; die Schafe aber begannen verblendet zu werden und vom Wege ab-
zuirren, den es ihnen gezeigt hatte,
ohne dass jenes Schaf etwas davon
wusste.[39]

33 Da ergrimmte der Herr der Schafe
über sie in gewaltigem Zorne, und jenes
Schaf erfuhr es und stieg herab von der
Spitze des Felsens und kam zu den

---

[36] = Durchzug durchs Rote Meer
[37] = Manna und Wasser aus dem Felsen

[38] = Bundesschluss am Berg Sinai
[39] = Der Tanz um das Goldene Kalb

Schafen und fand den größten Teil von ihnen verblendet und in der Irre.

34 Und als sie es erblickten, fürchteten sie sich und zitterten vor seinem Angesicht und wünschten zurückzukehren zu ihrer Hürde.

35 Und jenes Schaf nahm andere Schafe mit sich und kam zu jenen Schafen, die abgewichen waren, und danach fing es an sie zu töten, da fürchteten sich die Schafe vor seinem Angesicht, und jenes Schaf brachte die abgewichenen Schafe zurück, und sie kehrten wieder zu ihren Hürden zurück.[40]

36 Und ich schaute in diesem Gesicht, bis dass jenes Schaf ein Mann wurde und dem Herrn der Schafe ein Haus baute und alle Schafe in jenem Hause unterbrachte.

37 Und ich sah, bis dass eben das Schaf, welches mit jenem Schafe, das sie führte, zusammengetroffen war, entschlief;[41] und ich schaute, bis all die großen Schafe umgekommen waren, und kleine an ihrer Stelle sich erhoben, und sie kamen zu einem Weideplatz und näherten sich einem Wasserstrome.

38 Und jenes Schaf, ihr Anführer, das ein Mann geworden war, trennte sich von ihnen und entschlief; und alle Schafe suchten es und erhoben seinetwegen ein großes Geschrei.

39 Und ich sah, bis sie verstummten mit ihrem Geschrei um jenes Schaf, und sie überschritten jenen Wasserlauf,[42] und es traten andere Schafe als Führer auf an Stelle derer, die entschlafen waren, und führten sie.[43]

40 Und ich sah die Schafe, bis sie an einen vortrefflichen Ort und in ein liebliches und herrliches Land kamen, und ich sah, bis jene Schafe satt wurden, und jenes Haus stand mitten unter ihnen in dem lieblichen Lande.

41 Und bald waren ihre Augen offen, bald waren sie geblendet, bis sich ein anderes Schaf erhob, sie führte und sie alle zurückbrachte, und ihre Augen aufgetan wurden.

42 Und die Hunde, Füchse und wilden Schweine fingen an jene Schafe zu fressen, bis der Herr der Schafe ein anderes Schaf, einen Widder aus ihrer Mitte erweckte, der sie führte.[44]

43 Und jener Widder fing an nach hierhin und dorthin jene Hunde, Füch-

---

[40] = Gericht über die untreuen Israliten
[41] = Tod des Moses
[42] = Durchzug des Jordans

[43] = Josua und die Richter
[44] = Saul

se und wilden Schweine zu stoßen, bis dass er sie alle vernichtet hatte.

44 Und jenem Schaf wurden die Augen geöffnet, und dasselbe sah jenen Widder, der unter den Schafen war, wie er seine Würde vergaß und anfing jene Schafe zu stoßen und sie niedertrat und unziemlich wandelte.

45 Und der Herr der Schafe sandte das Schaf[45] zu einem andern Schafe,[46] und es erhob dasselbe, Widder zu sein und die Schafe zu führen an Stelle jenes Widders, der seine Würde von sich geworfen hatte.

46 Und es ging zu ihm und redete mit ihm allein und erhob es zum Widder und machte es zum Fürsten und Führer der Schafe; und bei alledem bedrängten die Hunde die Schafe.

47 Und der erste Widder verfolgte jenen zweiten Widder, und jener zweite Widder machte sich auf und floh vor seinem Angesicht; und ich schaute, bis jene Hunde den ersten Widder niederwarfen.

48 Aber jener andere Widder erhob sich und führte die kleinen Schafe, und jener zweite Widder zeugte viele Schafe und entschlief; und ein kleines Schaf wurde Widder an seiner Stelle und wurde Fürst und Führer jener Schafe.[47]

49 Und jene Schafe wuchsen heran und mehrten sich; aber alle jene Hunde, Füchse und wilden Schweine fürchteten sich und flohen vor ihm. Und jener Widder stieß und tötete alle wilden Tiere, und jene wilden Tiere vermochten nichts mehr unter den Schafen und raubten gar nichts mehr von ihnen.

50 Und jenes Haus war groß und weit und es war für jene Schafe gebaut, und ein hoher und großer Turm war auf dem Hause für den Herrn der Schafe gebaut; und jenes Haus war niedrig, aber der Turm ragte empor und war hoch, und der Herr der Schafe stand auf jenem Turm, und man setzte ihm einen vollen Tisch vor.[48]

51 Und ich sah fernerhin jene Schafe, wie sie abermals in der Irre gingen und auf vielerlei Wegen wandelten und jenes ihr Haus verließen, und der Herr der Schafe berief einige Schafe aus ihrer Mitte und sandte sie zu den andern Schafen, und die Schafe fingen an sie zu töten.[49]

52 Und eins von ihnen wurde errettet und nicht getötet, und es entsprang und schrie über die Schafe, und sie wollten

---

[45] = Samuel
[46] = David
[47] = Salomo

[48] = Bau des Tempels
[49] = die Propheten

es töten; aber der Herr der Schafe rettete es aus der Hand der Schafe und brachte es herauf zu mir und gab ihm seinen Platz.[50]

53 Und viele andere Schafe sandte er zu jenen Schafen, um Zeugnis abzulegen und Wehklage zu erheben über sie.[51]

54 Und darnach sah ich, wie sie, nachdem sie das Haus des Herrn und seinen Turm verlassen hatten, ganz und gar in der Irre gingen und ihre Augen geblendet waren; und ich sah, wie der Herr der Schafe viel Blutvergießen unter ihnen und in ihren Herden anrichtete, bis sogar jene Schafe dieses Blutvergießen herbeiriefen und seinen Ort preisgaben.[52]

55 Und er überließ sie den Klauen der Löwen, Panther, Wölfe und Hyänen und den Klauen der Füchse und aller wilden Tiere; und jene wilden Tiere des Feldes fingen an jene Schafe zu zerreißen.

56 Und ich sah, dass er jenes ihr Haus und ihren Turm verließ und sie alle in die Gewalt der Löwen gab, damit dieselben sie zerrissen und fräßen, in die Gewalt aller wilden Tiere.

57 Da begann ich zu schreien aus aller meiner Kraft und den Herrn der Schafe zu rufen und ihm Vorhaltungen zu machen in Betreff der Schafe, dass sie von all den wilden Tieren gefressen würden.

58 Er aber blieb ruhig, als er es sah, und freute sich, dass sie gefressen und verschlungen und geraubt würden, und er überließ sie der Gewalt aller wilden Tiere zum Fraße.

59 Und er berief siebzig Hirten und verstieß eben jene Schafe, dass sie sie weideten, und sprach zu den Hirten und ihren Gesellen: »Ein jeder einzelne von euch soll von nun an die Schafe weiden, und alles, was ich euch befehlen werde, das tut.

60 Und ich werde sie euch übergeben nach der Zahl und werde euch angeben, wer von ihnen umkommen soll, — und diese bringt um«. Da übergab er ihnen jene Schafe.[53]

61 Und er rief einen andern und sprach zu ihm: »Gib acht und sieh auf alles, was die Hirten an diesen Schafen tun werden; denn sie werden von ihnen mehr umbringen, als ich ihnen befohlen habe.

---

[50] = Elia
[51] = weitere Propheten
[52] = Zerstörung des Tempels

[53] = Zerstreuung unter allen Völkern
(symb. 70 Fürsten/70 Nationen)

62 Und jeden Übergriff und jede Vernichtung, die von den Hirten ausgehen wird, schreibe auf; wieviel sie auf meinen Befehl vernichten und wieviel sie nach eigenem Gutdünken vernichten, kurz, jedem einzelnen Hirten schreibe alles auf, was er vernichtet.

63 Und lies es mir der Zahl nach vor, wieviel sie vernichteten, und wieviel man ihnen zur Vernichtung überlieferte, dass mir dies zum Zeugnis diene über sie, auf dass ich alles Tun der Hirten kenne, um ihnen nachzurechnen, und sehe, was sie treiben, ob sie bei meinem Befehle, den ich ihnen gegeben habe, bleiben oder nicht.

64 Aber sie sollen es nicht wissen, und du sollst es ihnen nicht zeigen und sie nicht zurechtweisen, sondern alles, was er vernichtet, schreibe bei jedem einzelnen Hirten jederzeit auf und bringe alles herauf vor mich.«

65 Und ich schaute, bis dass jene Hirten weideten zu ihrer Zeit, und sie begannen zu töten und zu Grunde zu richten mehr, als ihnen geheißen war, und sie überließen jene Schafe der Gewalt der Löwen.

66 Und die Löwen und Panther fraßen und verschlangen den größten Teil jener Schafe, und die wilden Schweine fraßen mit ihnen, und sie verbrannten jenen Turm und untergruben jenes Haus.

67 Und ich ward sehr traurig wegen des Turmes, weil jenes Haus der Schafe untergraben war, und danach vermochte ich nicht mehr zu sehen, ob jene Schafe in jenes Haus hineingingen.

68 Und die Hirten und ihre Gesellen überlieferten jene Schafe allen wilden Tieren des Feldes, sie zu fressen, und jeder einzelne von ihnen empfing zu seiner Zeit eine bestimmte Zahl, indem bei jedem einzelnen von ihnen von dem andern in ein Buch eingeschrieben wurde, wie viele er davon vernichtete.

69 Und viel mehr als in Ordnung war, tötete jeder einzelne und brachte um; Da begann ich zu weinen und zu wehklagen über jene Schafe.

70 Und ebenso sah ich im Gesicht jenen Schreiber, wie er jedes einzelne aufschrieb, das von jenen Hirten umgebracht wurde, Tag für Tag, und das ganze Buch dem Herrn der Schafe hinaufbrachte, es vorlegte und alles zeigte, was sie getan hatten, und alle, die jeder einzelne von ihnen beseitigt hatte, und alle, die man zur Vernichtung hingegeben hatte.

71 Und das Buch wurde vor dem Herrn der Schafe vorgelesen, und er nahm das Buch aus seiner Hand, las es und versiegelte es und legte es hin.

72 Und danach sah ich, wie die Hirten zwölf Stunden lang weideten, und siehe, drei von jenen Schafen kehrten zurück, kamen und traten heran und begannen alles, was von jenem Hause eingefallen war, zu bauen; aber die wilden Schweine hinderten sie, und sie vermochten nichts auszuführen.

73 Und sie begannen wiederum zu bauen wie zuvor und führten jenen Turm auf, und er wurde der hohe Turm genannt; und sie fingen wieder an, einen Tisch vor jenen Turm zu stellen, aber alles Brot darauf war besudelt und nicht rein.[54] (Mal 1,7)

74 Und zu alledem waren jenen Schafen die Augen geblendet, dass sie nicht sahen, und ihren Hirten ebenfalls, und man überlieferte sie den Hirten zur Vernichtung in noch größerer Zahl, und sie traten die Schafe mit ihren Füßen nieder und verschlangen sie.[55]

75 Und der Herr der Schafe blieb ruhig, bis alle Schafe sich über das Feld zerstreut und mit ihnen vermischt hatten, und die Hirten retteten sie nicht aus der Hand der wilden Tiere.

76 Und jener, der das Buch schrieb, brachte es hinauf, zeigte es und las es vor dem Herrn der Schafe und flehte ihn an um ihretwillen und bat ihn, indem er ihm alles Tun ihrer Hirten zeigte und vor ihm Zeugnis ablegte wider alle Hirten.

77 Dann nahm er das Buch, legte es neben ihm nieder und ging hinweg.

90 1 Und ich sah so lange, bis auf diese Weise siebenunddreißig Hirten das Weiden übernahmen, und sie alle führten es zu Ende zu ihrer Zeit, wie die erster. und andere bekamen sie in ihre Hand, sie zu weiden, zu ihrer Zeit, ein jeder Hirt zu seiner Zeit.

2 Und danach schaute ich im Gesicht, wie alle Vögel des Himmels kamen: die Adler, die Geier, die Weihen, die Raben, und die Adler führten alle Vögel an; und sie fingen an jene Schafe zu fressen und ihnen die Augen auszuhacken und ihr Fleisch zu verzehren.[56]

3 Und die Schafe schrien, weil ihr Fleisch von den Vögeln verzehrt wurde, und ich sah es und wehklagte in meinem Schlafe über jenen Hirten, der die Schafe weidete.

---

[54] = Wiederaufbau des Tempels unter Esra, Nehemia und Serubbabel; vgl. die Kritik durch Maleachi und Haggai

[55] = Verfolgung unter dem Griechen Antiochus IV. Epiphanes, Vermischung mit dem griechischen Lebensstil
[56] = weltweite Judenverfolgung

4 Und ich sah zu, bis dass jene Schafe von den Hunden und Adlern und Weihen gefressen waren, und sie ließen an ihnen nicht das Geringste von Fleisch, Haut und Sehnen übrig, bis nur noch ihr Gerippe dastand, und auch ihr Gerippe fiel zur Erde, und die Schafe wurden immer weniger.

5 Und ich sah eine Zeitlang zu, bis dreiundzwanzig Hirten das Weiden übernahmen, und sie vollendeten in ihren Zeitabschnitten achtundfünfzig Zeiten.

6 Und siehe es wurden Lämmer geboren von jenen weißen Schafen, und sie fingen an die Augen zu öffnen und zu sehen und nach den Schafen zu schreien.[57]

7 Die Schafe aber schrien nicht nach ihnen und hörten nicht ihren Ruf, sondern waren ganz taub, und ihre Augen waren ganz und gar geblendet und schwerfällig.

8 Und ich schaute im Gesicht, wie die Raben auf jene Lämmer flogen und eins von jenen Lämmern ergriffen und die Schafe zerstückelten und fraßen.[58]

9 Und ich sah, bis jenen Lämmern Hörner wuchsen, und die Raben ihre Hörner zu Boden warfen, und ich sah, bis ein großes Horn einem jener Schafe hervorsprosste und ihre Augen aufgetan wurden.[59]

10 Und es sah nach ihnen, und ihre Augen öffneten sich, und es schrie nach den Schafen; da sahen es die Böckchen und liefen alle zu ihm.[60]

11 Und trotz alledem zerrissen jene Adler und Geier, Raben und Weihen immerzu die Schafe und flogen auf sie und fraßen sie; und die Schafe schwiegen still, aber die Böckchen wehklagten und schrien.

12 Und jene Raben stritten und kämpften mit ihm und suchten sein Horn wegzubringen, aber sie gewannen nicht die Oberhand über es.

13 Und ich sah sie, bis die Hirten und Adler und jene Geier und Weihen kamen, und sie riefen den Raben zu, sie möchten das Horn jenes Böckchens zerbrechen; und sie kämpften und stritten mit ihm, und es kämpfte mit ihnen und schrie, dass ihm Hilfe kommen möchte.

14 Und ich sah, bis jener Mann kam, der die Namen der Hirten aufschrieb und hinauf vor den Herrn der Schafe

---

[57] = Ein Überrest bekehrt sich, aber das Volk bleibt verstockt
[58] = auch diese werden verfolgt

[59] = das Horn ist der Messias
[60] = zu Ihm wird sich Israel bekehren

brachte, der half ihm und errettete es und zeigte ihm alles, dass er herabgekommen sei zur Hilfe jenes Böckchens.

15 Und ich sah, bis jener Herr der Schafe zu ihnen kam im Zorn und alle, die ihn erblickten, flohen und verfielen alle in den Zustand des Geblendetseins vor seinem Antlitz.

16 Alle die Adler und Geier, Raben und Weihen scharten sich zusammen und brachten mit sich alle die Schafe des Feldes, und sie kamen alle zusammen und halfen einander, jenes Horn des Böckchens zu zerbrechen.[61]

17 Und ich sah jenen Mann, der das Buch auf das Geheiß des Herrn schrieb, bis er jenes Buch des Verderbens aufschlug, das jene letzten zwölf Hirten angerichtet hatten, und vor dem Herrn der Schafe bewies, dass sie mehr als ihre Vorgänger umgebracht hatten.

18 Und ich sah, bis der Herr der Schafe zu ihnen kam und den Stab seines Zornes in seine Hand nahm und die Erde schlug, dass sie auseinanderklaffte, und alle die wilden Tiere und Vögel des Himmels fielen herab von jenen Schafen und versanken in die Erde, und sie deckte sich über dieselben.

19 Und ich sah, bis den Schafen ein großes Schwert gegeben wurde, und die Schafe zogen aus gegen alle wilden Tiere des Feldes, sie zu töten, und alle wilden Tiere und Vögel des Himmels flohen vor ihrem Angesicht.[62]

20 Und ich sah, bis ein Thron in dem lieblichen Lande errichtet wurde, und der Herr der Schafe setzte sich darauf, und der andere nahm die versiegelten Bücher und öffnete jene Bücher vor dem Herrn der Schafe.[63]

21 Und der Herr berief jene Männer, die sieben ersten Weißen, und befahl, dass sie alles vor ihn brächten anhebend vom ersten Stern, der allen jenen Sternen, deren Scham wie die Scham der Rosse war, voranging und den ersten Stern, der zuerst herabgefallen war, und sie brachten sie alle vor ihn.[64]

22 Und er sprach zu jenem Manne, der vor ihm schrieb, welcher einer von diesen sieben Weißen war, und sagte zu ihm: »Ergreif diese siebzig Hirten, denen ich die Schafe überliefert habe und welche, nachdem sie dieselben in Empfang genommen, mehr töteten, als

---

[61] = Das Volk und die Nationen wollen den Messias töten
[62] = Den Heiligen wird gegeben, das Gericht zu vollziehen
[63] = Das Weltgericht
[64] = Gericht über die Wächter

ich ihnen befohlen hatte, auf eigene Faust.«[65]

23 Und siehe, ich sah sie alle gebunden, und sie standen alle vor ihm.

24 Und das Gericht fand zuerst über die Sterne statt, und sie wurden gerichtet und für schuldig erklärt und kamen an den Ort der Verdammnis, und man warf sie in einen tiefen Ort, voll von flammendem Feuer und voll Feuersäulen.

25 Und jene siebzig Hirten wurden gerichtet und für schuldig befunden und auch sie wurden in jene feurige Tiefe geworfen.

26 Und ich sah zu jener Stunde, wie eine ähnliche Tiefe sich auftat mitten in der Erde, voll Feuer, und sie brachten jene verblendeten Schafe, und sie wurden alle gerichtet, für schuldig befunden und in jene feurige Tiefe geworfen, dass sie brannten; und diese Tiefe war zur Rechten jenes Hauses.[66]

27 Und ich sah, wie jene Schafe brannten und ihr Gebein in Flammen stand.

28 Und ich stand auf, um zu sehen, bis er jenes alte Haus zusammenpackte, und man schaffte alle Säulen hinaus, und alle Balken und Zapfen jenes Hauses wurden mit ihm zusammengepackt, und man schaffte es hinaus und legte es an einen Ort im Süden des Landes.[67]

29 Und ich sah, bis der Herr der Schafe ein neues Haus brachte, grösser und höher als jenes erste, und es an der Stelle des ersten, welches eingepackt worden war, aufstellte. Alle seine Säulen waren neu, seine Zapfen waren neu und größer als bei jenem ersten alten, welches er hinausgeschafft hatte, und alle Schafe fanden Platz darin.

30 Und ich sah alle Schafe, die übrig geblieben waren, und alle Tiere auf der Erde und alle Vögel des Himmels, wie sie niederfielen und jenen Schafen Huldigung erwiesen und sie anflehten und ihnen auf jedes Wort gehorchten.

31 Und darnach brachten mich jene drei, die in weiß gekleidet waren und mich bei meiner Hand hielten — sie, die schon zuvor mich hinaufgebracht hatten — während die Hand jenes Böckchens mich hielt, wieder hinauf und setzten mich mitten unter jene Schafe nieder, ehe das Gericht stattfand.[68]

---

[65] = Gericht über die 70 Nationen, die Gottes Volk über das von Gott festgesetzt Maß der Züchtigung hinaus verfolgt haben

[66] = Gericht über die Untreuen in Gotts Volk
[67] = Beseitigung des alten Tempels
[68] = Hochzeit des Lammes

32 Und jene Schafe waren alle weiß, und ihre Wolle stark und rein. (Offb 19,7-8)

33 Und alle die umgekommen und versprengt waren, und alle wilden Tiere des Feldes und alle Vögel des Himmels kamen in jenem Hause zusammen, und der Herr der Schafe freute sich sehr darüber, denn sie alle waren gut und waren zu seinem Hause wieder zurückgekehrt. (Offb 20,4)

34 Und ich sah, bis sie jenes Schwert, das den Schafen gegeben war, niederlegten und es in das Haus zurückbrachten, und man versiegelte es vor dem Angesicht des Herrn; und alle Schafe waren einberufen nach jenem Hause, aber es fasste sie nicht.

35 Und ihnen allen waren die Augen geöffnet, dass sie gut sahen, und es war keines unter ihnen, das nicht hätte sehen können.

36 Und ich sah, dass jenes Haus groß, weit und sehr voll war. (Joh 14,2-3)

37 Und ich sah, wie ein weißer Stier mit großen Hörnern geboren wurde, und alle wilden Tiere des Feldes und alle Vögel des Himmels fürchteten ihn und flehten zu ihm fortwährend.

38 Und ich sah, bis alle ihre Arten verwandelt und sie alle weiße Stiere wurden; und der erste unter ihnen war ein Wildochs und selbiger Wildochs war ein großes Tier mit großen schwarzen Hörnern auf seinem Kopfe, und der Herr der Schafe freute sich über sie und über alle die Stiere.[69]

39 Und ich hatte mich schlafen gelegt in ihrer Mitte, wachte auf und hatte alles gesehen.

40 Und das ist eben das Gesicht, das ich sah, als ich schlief. Und ich wachte auf und pries den Herrn der Gerechtigkeit und gab ihm Ruhm.

41 Und danach weinte ich gar sehr, und meine Tränen standen nicht still, bis ich es nicht mehr aushalten konnte; so oft ich hinsah, flossen sie herab um deswillen, was ich sah, denn alles wird so kommen und sich erfüllen, und alle Taten der Menschen sind mir der Reihe nach gezeigt worden.

42 Und in jener Nacht gedachte ich des ersten Traumes und weinte um seinetwegen, und war erschüttert, weil ich jenes Gesicht gesehen hatte.«

---

[69] = So werden alle in das Bild des neuen Adam verwandelt werden; Christus bleibt aber als Wildochs der Erhabene

Teil 5: Das Buch der Lehr- und Strafreden
(Kap 91-105)

Mahnung für Henochs Nachkommen, gerecht zu leben

91 1 Und nun, mein Sohn Methusala, rufe mir alle deine Brüder und versammele mir alle Söhne deiner Mutter, denn eine Stimme ruft mich, und der Geist ist über mich ausgegossen, dass ich euch alles zeige, was über euch bis in Ewigkeit kommen wird.

2 Danach ging Methusala hin, rief alle seine Brüder zu sich und versammelte seine Verwandten.

3 Und Henoch redete zu allen Kindern der Gerechtigkeit und sprach: »Höret, ihr Kinder Henochs, alle Worte eures Vaters und horchet recht auf die Stimme meines Mundes, denn ich ermahne euch und sage euch: Ihr Lieben, liebet die Rechtschaffenheit und wandelt in ihr.

4 Und nahet euch nicht der Rechtschaffenheit mit zwiespältigem Herzen und habt keine Gemeinschaft mit denen, die zwiespältigen Herzens sind, sondern wandelt in Gerechtigkeit, meine Kinder, und sie wird euch auf guten Wegen führen, und die Gerechtigkeit wird eure Genossin sein. (Ps 11,3)

5 Denn ich weiß, dass der Zustand der Gewalttätigkeit auf Erden überhand nehmen, und ein großes Strafgericht auf Erden vollzogen werden wird, und es wird ein Ende gemacht werden mit aller Ungerechtigkeit, und sie wird abgeschnitten werden von ihren Wurzeln, und ihr ganzer Bau wird untergehen.

6 Und abermals wird die Ungerechtigkeit auf die Spitze getrieben werden auf Erden, und die Erde wird alle Taten der Ungerechtigkeit und der Gewalttätigkeit und des Frevels in doppeltem Maße enthalten.

7 Und wenn Ungerechtigkeit, Sünde, Lästerung und Gewalttätigkeit bei jeglichem Tun wachsen, und wenn Abfall, Frevel und Unreinigkeit zunehmen werden, so wird ein großes Strafgericht vom Himmel über sie alle kommen, und der heilige Herr wird mit Zorn und Strafe hervortreten, um Gericht auf Erden zu halten. (Mat 24,12)

8 In jenen Tagen wird die Gewalttätigkeit abgeschnitten werden von ihren Wurzeln, und die Wurzeln der Ungerechtigkeit samt dem Betrug, und sie werden unter dem Himmel weg vernichtet werden.

9 Und alles wird dahingegeben werden in das flammende Feuer: Götterbild der Heiden und Turm, und man wird sie fortschaffen von der ganzen Erde; und

die Heiden werden in die Verdammnis des Feuers geworfen werden und werden im Zorn und in der gewaltigen ewigen Verdammnis umkommen.

10 Und der Gerechte wird aufstehen von seinem Schlafe, und die Weisheit wird sich erheben und wird ihnen gegeben werden.

11 Und danach werden die Wurzeln der Ungerechtigkeit abgeschnitten, und die Sünder mit dem Schwert vertilgt werden; den Lästerern werden sie abgeschnitten werden an jedem Orte, und diejenigen, welche auf Gewalttätigkeit sinnen und Spötterei treiben, werden durch das Schwert umkommen.

18 Und nun meine Kinder, sage ich euch, und zeige euch die Wege der Gerechtigkeit und die Wege der Gewalttätigkeit und werde sie euch wiederum zeigen, auf dass ihr wisst, was kommen wird.

19 Und nun höret auf mich, meine Kinder, und wandelt auf den Wegen der Gerechtigkeit und wandelt nicht auf den Wegen der Gewalttätigkeit; denn alle, die auf den Wegen der Ungerechtigkeit wandeln, werden für ewig umkommen.«

92 1 Das von Henoch verfasste Buch — es schrieb also Henoch diese ganze Weisheitslehre, die Preis verdient bei allen

Menschen und Richterin der ganzen Erde ist — für alle meine Kinder, die auf Erden wohnen, und für künftige Geschlechter, die Rechtschaffenheit und Frieden üben werden.

2 Euer Geist sei nicht betrübt wegen der Zeiten, denn der Heilige und Große hat für alles Tage bestimmt.

3 Und der Gerechte wird vom Schlafe aufstehen, er wird aufstehen und auf dem Wege der Gerechtigkeit wandeln, und sein ganzer Weg und Wandel wird in ewiger Güte und Gnade sein.

4 Er wird dem Gerechten gnädig sein und wird ihm ewige Rechtschaffenheit geben und ihm Herrschaft verleihen; und er wird in Güte und Gerechtigkeit leben und in ewigem Lichte wandeln.

5 Die Sünde aber wird in der Finsternis untergehen auf ewig und nicht mehr erscheinen von jenem Tage an bis in Ewigkeit.

Der göttliche Zeitplan in Wochen

93 1 Und darnach übergab Henoch die Bücher und begann auch aus den Büchern zu erzählen.

2 Und Henoch sprach: »Über die Kinder der Gerechtigkeit und über die Auserwählten der Welt und über die Pflanze der Rechtschaffenheit will ich euch dieses erzählen und kundtun,

meine Kinder, ich Henoch, nach dem, was mir in dem himmlischen Gesichte erschienen ist, und was ich durch das Wort der heiligen Engel erfahren und was ich aus den himmlischen Tafeln erkannt habe«.

3 Und Henoch begann also aus den Büchern zu erzählen und sprach: »Ich bin als der siebente geboren in der ersten Woche, während Gericht und Gerechtigkeit noch zurückhielten.

4 Und nach mir in der zweiten Woche wird große Bosheit aufkommen und Betrug aufgesprosst sein; in ihr wird das erste Ende sein, und ein Mann wird in ihr errettet werden.[70] Und nachdem es vollendet ist, wird die Ungerechtigkeit wieder wachsen, und er wird ein Gesetz für die Sünder erlassen.

5 Und darauf in der dritten Woche, am Schluss derselben, wird ein Mann zur Pflanze des gerechten Gerichts erwählt werden, und darnach wird er sich zur Pflanze der Gerechtigkeit auf ewig entfalten.[71]

6 Und darnach in der vierten Woche, am Schluss derselben, werden die Gerichte der Heiligen und Gerechten gesehen werden, und ein Gesetz für alle künftigen Geschlechter und eine Umfriedung für sie wird gemacht werden.[72]

7 Und danach in der fünften Woche, am Ende derselben, wird das Haus der Herrlichkeit und der Herrschaft erbaut werden für die Ewigkeit.[73]

8 Und darnach in der sechsten Woche werden die, welche in ihr leben, alle geblendet sein, und über aller Herzen wird das Vergessen der Weisheit kommen; und in ihr wird ein Mann aufwärts fahren,[74] und an ihrem Ende wird das Haus der Herrschaft mit Feuer verbrannt werden,[75] und es wird in ihr das ganze Geschlecht der Wurzel der Kraft zerstreut werden.

9 Und darnach in der siebenten Woche wird sich ein abtrünniges Geschlecht erheben; zahlreich werden seine Taten sein, aber alle seine Taten werden Abfall sein.[76]

10 Und am Ende derselben werden die auserwählten Gerechten von der ewigen Pflanze der Gerechtigkeit auserwählt werden,[77] dass ihnen siebenfache Belehrung zu teil werde über seine ganze Schöpfung.

---

[70] = Noah
[71] = Abraham und das erwählte Volk
[72] = Bundesschluss am Sinai
[73] = Salomos Tempel
[74] = Elia
[75] = Zerstörung des Tempels
[76] = Makkabäerzeit
[77] = Diese ewige Pflanze ist der Messias

11 Denn wo ist irgendein Menschenkind, das die Stimme des Heiligen zu hören vermöchte, ohne zu erbeben, und wer ist es, der seine Gedanken denken könnte, und wer ist es, der alle Werke des Himmels sehen könnte?

12 Und wie gäbe es jemand, der den Himmel schauen könnte; und wo wäre der, der die Dinge des Himmels zu erkennen und eine Seele oder einen Geist zu sehen und davon zu erzählen vermöchte, oder hinaufsteigen könnte und nun alle ihre Enden sähe und sie begriffe oder es ihnen gleich täte?

13 Und wo wäre irgend ein Mann, der wissen könnte, wie die Breite und Länge der Erde ist, und wem wären alle ihre Maße gezeigt worden?

14 Oder gibt es etwa irgendjemand, der die Länge des Himmels erkennen könnte, und wie viel seine Höhe beträgt, und worauf er gegründet ist, und wie groß die Zahl der Sterne ist, und wo alle Lichter ruhen?

15 Und darnach wird eine andere Woche, die achte, die der Gerechtigkeit sein, und es wird ihr ein Schwert gegeben werden, damit Gericht und Gerechtigkeit geübt werde an denjenigen, welche Gewalttätigkeiten begehen, und die Sünder werden in die Hände der Gerechten ausgeliefert werden. (Offb 19,17-21)

16 Und am Ende derselben werden sie baut werden für den großen König in Herrlichkeit bis in Ewigkeit.

17 Und darnach in der neunten Woche wird das gerechte Gericht der ganzen Welt offenbart werden, und alle Werke der Gottlosen werden verschwinden von der Erde; und die Welt wird für den Untergang aufgeschrieben werden, und alle Menschen werden schauen nach dem Wege der Rechtschaffenheit. (Offb 20,4-6)

18 Und darnach in der zehnten Woche im siebenten Teile findet das große ewige Gericht statt, in dem er Vergeltung üben wird unter den Engeln. (1.Kor 6,2-3; Offb 20,7-15)

19 Und der erste Himmel wird verschwinden und vergehen, und ein neuer Himmel wird erscheinen, und alle Kräfte der Himmel werden siebenfach leuchten in Ewigkeit. (Offb 21,1)

20 Und darnach werden viele Wochen, ohne Zahl, bis in Ewigkeit in Güte und Gerechtigkeit sein, und die Sünde wird von da an nicht mehr erwähnt werden bis in Ewigkeit.

Liebe zur Gerechtigkeit

94 1 Und nun sage ich euch, meine Kinder: Liebet die Gerechtigkeit und wandelt in ihr, denn die Wege der Gerechtigkeit sind wert, dass man sie annehme, und die Wege der Ungerechtigkeit vergehen und schwinden plötzlich dahin.

2 Und gewissen Leuten vom künftigen Geschlecht werden die Wege der Gewalttätigkeit und des Todes offenbart werden, und sie werden sich von ihnen fernhalten und ihnen nicht folgen.

3 Und nun sage ich euch, den Gerechten: Wandelt nicht auf bösen Wegen noch auf den Pfaden des Todes, und nahet euch ihnen nicht, dass ihr nicht umkommt,

4 sondern suchet und wählet euch die Gerechtigkeit und ein wohlgefälliges Leben und wandelt auf den Wegen des Friedens, dass ihr lebet und es euch wohl gehe.

5 Und haltet meine Rede fest in den Gedanken eures Herzens und lasset sie nicht austilgen aus eurem Herzen, denn ich weiß, dass die Sünder die Menschen verführen werden, die Weisheit zu einer schlechten zu machen — aber es wird kein Platz dafür gefunden werden — und dass Versuchungen aller Art nicht abnehmen werden.

Weherufe für die Sünder

6 Wehe denjenigen, welche Ungerechtigkeit und Gewalttätigkeit aufbauen und Betrug als Grund legen, denn plötzlich werden sie vernichtet werden und werden keinen Frieden haben.

7 Wehe denen, die ihre Häuser mit Sünde bauen, denn sie werden ganz von Grund aus ausgerottet werden und durch das Schwert fallen; und welche Gold und Silber erwerben, werden im Gericht bald zu Grunde gehen. (Jer 22,13)

8 Wehe euch, ihr Reichen, denn auf euren Reichtum habt ihr vertraut, und von eurem Reichtum werdet ihr fort müssen, weil ihr nicht an den Höchsten gedacht habt in den Tagen eures Reichtums. (Ps 48,7; Ps 51,9; Spr 11,28; Lk 6,24; Jak 5,1-3)

9 Ihr habt Lästerung und Ungerechtigkeit verübt und seid reif geworden für den Tag des Blutvergießens und für den Tag der Finsternis und für den Tag des großen Gerichts.

10 Solches rede ich und tue es euch kund, dass euch vernichten wird, der euch geschaffen hat; und über euren Sturz wird kein Mitleid herrschen, und euer Schöpfer wird sich über euren Untergang freuen.

11 Und eure Gerechten werden in jenen Tagen ein Vorwurf sein für Sünder und Gottlose.

95 1 O dass meine Augen eine Wasserwolke wären, und ich über euch weinen und meine Tränen vergießen könnte wie eine Wasserwolke, damit ich Ruhe bekäme vor dem Kummer meines Herzens. (Jer 8,23)

2 Wer hat euch erlaubt, Lästerung und Bosheit zu verüben? So wird euch Sünder das Gericht treffen.

3 Fürchtet euch nicht, ihr Gerechten, vor den Sündern, denn der Herr wird sie wieder in eure Hand überliefern, dass ihr Gericht an ihnen übet, wie es euch wohlgefällt.

4 Wehe euch, die ihr Bannflüche schleudert, die nicht zu lösen sind: Heilung soll fern von euch sein um eurer Sünde willen.

5 Wehe euch, die ihr eurem Nächsten mit Bösem vergeltet, denn es wird euch vergolten werden nach eurem Tun.

6 Wehe euch Lügenzungen, und denen, die Unrecht darwägen, denn ihr werdet eilends zu Grunde gehen.

7 Wehe euch, ihr Sünder, dass ihr die Gerechten verfolgt, denn ihr werdet dahingegeben und vom Unrecht verfolgt werden, und sein Joch wird schwer auf euch lasten.

Hoffnung für die Gerechten

96 1 Hoffet, ihr Gerechten, denn bald werden die Sünder vor euch vernichtet werden, und ihr werdet die Herrschaft über sie bekommen, wie es euch gefällt.

2 Und am Tage der Not der Sünder werden eure Jungen sich erheben und auffahren wie Adler, und höher als der Geier nistet wird euer Nest sein, und ihr werdet hinaufsteigen und wie das Kaninchen in die Klüfte der Erde und in die Spalten der Felsen eindringen für alle Zeit vor den Ungerechten; und sie werden euretwegen seufzen und weinen wie Sirenen. (Jer 49,16; Jes 2,19)

3 Und fürchtet euch nicht, ihr Leidenden, denn Heilung wird euch zu teil werden, und ein helles Licht wird euch leuchten, und die Stimme der Ruhe werdet ihr vom Himmel her hören.

Weitere Wehrufe

4 Wehe euch, ihr Sünder! euer Reichtum zwar lässt euch als Gerechte erscheinen, aber euer Herz überführt euch, dass ihr Sünder seid; und diese Rede wird euch gegenüber ein Zeugnis sein zur Erinnerung an die Übeltaten.

5 Wehe euch, die ihr das Beste des Weizens verzehrt und die Kraft des Ursprungs der Quelle trinkt und die Niedrigen mit eurer Kraft zu Boden tretet.

6 Wehe euch, die ihr jederzeit Wasser trinket, denn es wird euch bald vergolten werden: es wird mit euch zu Ende gehen und ihr werdet vertrocknen, weil ihr die Quelle des Lebens verlassen habt.

7 Wehe euch, die ihr Ungerechtigkeit, Betrug und Lästerung verübt, es wird ein Gedenken daran geben euch gegenüber zum Bösen.

8 Wehe euch, ihr Mächtigen, die ihr mit Gewalt den Gerechten zu Boden schlagt, denn es wird der Tag eures Verderbens kommen; in jener Zeit werden für die Gerechten viele und gute Tage kommen, am Tage eures Gerichtes.

97 1 Glaubt, ihr Gerechten, dass die Sünder werden zuschanden werden und umkommen am Tage der Ungerechtigkeit.

2 Kund wird es euch werden, dass der Höchste an euren Untergang denkt, und die Engel des Himmels sich über eure Vernichtung freuen.

3 Was wollt ihr dann tun, ihr Sünder, und wohin wollt ihr an jenem Tage des Gerichtes fliehen, wenn ihr die Stimme des Gebets der Gerechten hören werdet?

4 Es wird euch aber gehen wie jenen, gegen die jenes Wort ein Zeugnis sein wird: »Ihr seid Genossen der Sünder gewesen«.

5 Und in jenen Tagen wird das Gebet der Gerechten zum Herrn dringen, und für euch werden die Tage eures Gerichts kommen.

6 Und alle eure ungerechten Reden werden vorgelesen werden vor dem Großen und Heiligen, und euer Antlitz wird vor Scham erröten, und jedes Werk, das auf Ungerechtigkeit gegründet ist, wird er verwerfen.

7 Wehe euch, ihr Sünder, mitten im Meere und auf dem Festlande, deren Gedenken euch verderblich ist.

8 Wehe euch, die ihr Silber und Gold in unrechtmäßiger Weise erwerbt und sagt: »Wir sind reich geworden, haben Hab und Gut und besitzen alles, was wir wünschen.

9 Und nun wollen wir ausführen, was wir ersonnen haben, denn wir haben Silber zusammengebracht und unsere Vorratshäuser gefüllt wie mit Wasser, und zahlreich sind die Ackerleute unserer Häuser«.

10 Und wie Wasser wird auch eure Lüge zerrinnen; denn der Reichtum wird euch nicht bleiben, sondern eilends von euch hinauffahren, weil ihr alles mit Unrecht erworben habt, und ihr werdet dem großen Fluche verfallen.

98 1 Und nun schwöre ich euch, den Weisen und den Toren, ihr werdet auf Erden viel zu Gesicht bekommen.

2 Denn Schmuck werdet ihr Männer euch mehr anlegen als ein Weib und Buntes mehr als ein junges Mädchen; in Königswürde, Hoheit und Machtfülle, in Silber und Gold und Purpur, in Ehre und Speisen gehen sie auf wie zerfließendes Wasser.

3 Darum haben sie keine Lehre und Weisheit, und infolgedessen werden sie zu Grunde gehen mitsamt ihren Reichtümern und mit aller ihrer Herrlichkeit und Ehre, und in Schande, Todesnot und großer Armut wird ihr Geist in den feurigen Ofen geworfen werden.

4 Ich schwöre euch, ihr Sünder, wie ein Berg nicht zu einem Sklaven geworden ist noch werden wird, und eine Anhöhe nicht zur Magd für ein Weib, also ist auch die Sünde nicht auf die Erde geschickt worden, sondern die Menschen haben sie aus ihrem eigenen Selbst erschaffen, und großer Verdammnis werden die verfallen, welche sie begehen.

5 Und Unfruchtbarkeit ist dem Weibe nicht von Natur aus gegeben worden, sondern um des Tuns ihrer Hände willen stirbt sie ohne Kinder.

6 Ich schwöre euch, ihr Sünder, bei dem Heiligen und Großen, dass all euer böses Tun offenbar ist in den Himmeln, und dass es kein Werk der Gewalttätigkeit bei euch gibt, welches bedeckt und verborgen wäre.

7 Und wähnet nicht in eurem Geiste und saget nicht in eurem Herzen, ihr wüsstet nicht und sähet nicht, dass jede Sünde im Himmel vor dem Höchsten täglich aufgeschrieben wird.

8 Von nun an wisst ihr, dass alle eure Gewalttätigkeit, die ihr begehet, aufgeschrieben wird an jedem Tage bis zum Tage eures Gerichts.

9 Wehe euch, ihr Toren, denn ihr werdet durch eure Torheit umkommen; und um die Weisen kümmert ihr euch nicht, somit wird Gutes nicht zu euch kommen.

10 Und nun wisset, dass ihr reif seid für den Tag des Verderbens, und hoffet nicht, dass ihr am Leben bleiben werdet, ihr Sünder; ihr werdet vielmehr dahingehen und sterben, weil ihr kein Lösegeld kennt. Denn ihr seid reif für den Tag des großen Gerichts und für den Tag der Trübsal und großen Schmach für euren Geist.

11 Wehe euch, ihr Herzverstockten, die ihr Böses tut und Blut esset; woher esset, trinket und sättiget ihr euch so vortrefflich? Doch von all dem Guten, das der Herr, der Höchste, in Fülle auf Erden gegeben hat: darum sollt ihr keinen Frieden haben.

12 Wehe euch, die ihr ungerechtes Tun liebt, warum erhoffet ihr Gutes für euch? Wisset, dass ihr in die Hände der Gerechten werdet gegeben werden, und sie werden euch den Hals durchschneiden und werden euch töten ohne Erbarmen.

13 Wehe euch, die ihr euch freut über die Not der Gerechten, denn für euch wird kein Grab gegraben werden.

14 Wehe euch, die ihr die Worte der Gerechten für eitel erklärt, ihr werdet keine Hoffnung auf das Leben haben.

15 Wehe euch, die ihr Lügenworte niederschreibt und Reden der Gottlosen, denn die schreiben ihre Lüge nieder, dass man sie höre und das andere vergesse; sie werden keinen Frieden haben, sondern eines plötzlichen Todes sterben.

99 1 Wehe denen, welche Gottlosigkeiten begehen und Lügenreden loben und verherrlichen; ihr werdet zu Grunde gehen und kein gutes Leben haben.

2 Wehe denen, welche die Worte der Wahrheit verkehren, das ewige Gesetz übertreten, und sich selbst zu dem machen, was sie vordem nicht waren, zu Sündern; auf Erden sollen sie niedergetreten werden.

3 In jenen Tagen macht euch bereit, ihr Gerechten, eure Gebete ins Gedächtnis zu bringen, und legt sie als Zeugnis den Engeln vor, dass sie die Sünde der Sünder dem Höchsten zur Erinnerung vorlegen.

4 Und in jenen Tagen werden die Völker in Aufruhr kommen, und die Geschlechter der Völker werden sich erheben am Tage des Verderbens.

5 Und in jenen Tagen werden die, welche in Not sind, hingehen und ihre Kinder zerreißen und sie von sich werfen; ihre Kinder werden ihnen entgleiten, und während sie an der Brust liegen, werden sie ihre Kleinen dahinwerfen und werden nicht zu ihnen zurückkehren und sich nicht ihrer Lieben erbarmen.

6 Abermals schwöre ich euch Sündern, dass die Sünde reif ist für den Tag unaufhörlichen Blutvergießens.

7 Und sie werden Steine anbeten, und andere werden Bilder von Gold und Silber, Holz und Thon bilden, und andere werden böse Geister und Dämonen und allerlei Idole anbeten, und das im Unverstand, aber es wird keine Hilfe von ihnen zu erlangen sein.

8 Und sie werden in Gottlosigkeit versinken wegen der Torheit ihres Herzens, und ihre Augen werden geblendet

sein durch die Furcht ihres Herzens und die Gesichte ihrer Träume.

9 Durch sie werden sie gottlos und voll Furcht werden, denn alle ihre Werke tun sie in Lüge und beten Steine an; so werden sie in einem Augenblick umkommen.

10 Selig sind in jenen Tagen alle diejenigen, welche die Worte der Weisheit annehmen und verstehen und den Wegen des Höchsten folgen und auf dem Pfade seiner Gerechtigkeit wandeln und nicht gottlos sind mit den Gottlosen, denn sie werden gerettet werden.

11 Wehe euch, die ihr die Bosheit bis zu eurem Nächsten ausdehnt, ihr werdet in der Hölle getötet werden.

12 Wehe euch, die ihr ein falsches und betrügerisches Maß führt und auf Erden Erbitterung hervorruft, denn dadurch wird es mit ihnen ein Ende nehmen.

13 Wehe euch, die ihr eure Häuser mit der Fronarbeit anderer baut, und deren Baumaterial lauter Ziegel und Steine der Sünde sind; ich sage euch, ihr werdet keinen Frieden haben!

14 Wehe denen, die das Maß und das ewige Erbteil ihrer Väter verwerfen und deren Seele den Götzen folgt; sie werden keine Ruhe haben.

15 Wehe denen, welche Ungerechtigkeit begehen und die Gewalttätigkeit unterstützen und ihren Nächsten töten bis auf den Tag des großen Gerichts.

16 Denn er wird eure Herrlichkeit zu Boden stürzen und Kummer in euer Herz bringen, und er wird seinen Zorn erregen, und dessen Hauch wird euch alle mit dem Schwert umbringen; und all die Gerechten und Heiligen werden eurer Sünde gedenken.

100 1 Und in jenen Tagen werden die Väter mit ihren Söhnen an einem Orte erschlagen werden, und Brüder miteinander im Tode fallen, bis es einem Strome gleich von ihrem Blute strömt.

2 Denn ein Mann wird seine Hand nicht zurückhalten von seinen Söhnen und Enkeln, sie zu töten und der Sünder wird seine Hand nicht zurückhalten von seinem hochgeehrten Bruder; vom Morgengrauen bis die Sonne sinkt werden sie einander morden.

3 Und das Ross wird bis an die Brust im Blut der Sünder waten, und der Wagen bis zu seiner Höhe einsinken.

4 Und in jenen Tagen werden die Engel herabkommen in die Verstecke und alle, welche die Sünde herabbrachten, an einen Ort zusammenbringen; und der Höchste wird sich an jenem Tage des

Gerichts erheben, um das große Gericht unter den Sündern zu halten.

5 Und zu Wächtern wird er über alle Gerechten und Heiligen heilige Engel setzen, dass sie sie behüten wie einen Augapfel, bis dass er allem Bösen und aller Sünde ein Ende machen wird; und wenn auch die Gerechten einen langen Schlaf schlafen, so haben sie doch nichts zu fürchten. (Deut 32,10; Ps 16,8)

6 Und die weisen Menschen werden die Wahrheit sehen, und die Kinder der Erde werden alle Worte dieses Buches verstehen und erkennen, dass ihr Reichtum sie nicht retten kann beim Zusammensturz ihrer Sünde.

7 Wehe euch, ihr Sünder, wenn ihr die Gerechten peiniget am Tage der Drangsal und sie mit Feuer verbrennt; es wird euch vergolten werden nach euren Taten.

8 Wehe euch, ihr Herzverstockten, die ihr wachet, um Böses auszusinnen: Furcht soll über euch kommen, und keiner wird euch helfen.

9 Wehe euch, ihr Sünder, wegen der Rede eures Mundes und der Werke eurer Hände, die Werke eures gottlosen Sinnes sind: ihr werdet in einem Brande lodernden Feuers brennen.

10 Und nun wisset, dass er bei den Engeln im Himmel nach euren Taten forschen wird, und bei Sonne, Mond und Sternen nach eurer Sünde, weil ihr auf Erden an den Gerechten Gericht übt.

11 Und er wird gegen euch zu Zeugen aufrufen jede Wolke, Nebel, Tau und Regen, denn sie alle werden vor euch zurückgehalten werden, dass sie nicht auf euch herabkommen können, und sie werden eurer Sünde gedenken.

12 Und nun gebt dem Regen Geschenke, dass er sich nicht weigere, auf euch herabzukommen, und dass der Tau, wenn er von euch Gold und Silber empfangen hat, herniederkomme.

13 Wenn Reif und Schnee mit ihrer Kälte und alle Schneestürme mit allen ihren Plagen auf euch fallen werden, in jenen Tagen werdet ihr nicht vor ihnen bestehen können.

Gottes Macht in der Schöpfung

101 1 Betrachtet den Himmel, ihr Kinder des Himmels, und jedes Werk des Höchsten; fürchtet euch vor ihm und tut nichts Böses vor ihm.

2 Wenn er die Fenster des Himmels schließt und Regen und Tau zurückhält, dass sie euretwegen nicht auf die Erde herabkommen, was wollt ihr da tun?

3 Und wenn er seinen Zorn über euch schickt um aller eurer Taten willen, so

könnt ihr ihn nicht anflehen, weil ihr hochmütige und freche Reden gegen seine Gerechtigkeit führt; und so werdet ihr keinen Frieden haben.

4 Und sehet ihr nicht die Matrosen der Schiffe, wie ihre Schiffe von den Wogen hin und hergeworfen und von den Winden geschaukelt werden und in Bedrängnis kommen,

5 und wie sie deshalb in Furcht geraten, weil all ihre beste Habe ihnen auf die See hinausging, und sie nichts Gutes ahnen in ihrem Herzen, nämlich dass das Meer sie verschlingen, und sie in ihm untergehen möchten?

6 Ist nicht das ganze Meer und alle seine Wasser und all seine Bewegung ein Werk des Höchsten, und hat er nicht all sein Tun versiegelt, und hat er es nicht ganz mit Sand umschlossen?

7 Bei seinem Schelten fürchtet es sich und trocknet aus, und alle seine Fische sterben und alles, was darin ist; ihr Sünder aber, die ihr auf der Erde seid, fürchtet ihn nicht!

8 Hat er nicht Himmel und Erde und alles, was darauf ist, gemacht? Und wer hat Belehrung und Weisheit allem, was sich auf Erden und im Meere regt, gegeben?

9 Fürchten nicht jene Matrosen der Schiffe das Meer? Die Sünder aber fürchten den Höchsten nicht!

102

1 Wohin wollt ihr in jenen Tagen, wenn er euch mit schmerzbringendem Feuer überschüttet, fliehen, und wo eure Rettung suchen? Und wenn er sein Wort gegen euch schleudert, werdet ihr nicht erschrecken und in Furcht geraten?

2 Und alle Lichter werden in großer Furcht beben, und die ganze Erde wird erschrecken, zittern und zagen.

3 Und alle Engel werden ihren Befehl vollbringen und sich zu verbergen suchen vor der großen Herrlichkeit, und die Kinder der Erde werden zittern und beben, und ihr, ihr Sünder, seid verflucht auf ewig und werdet keinen Frieden haben.

Trost für die Gerechten

4 Fürchtet euch nicht, ihr Seelen der Gerechten, und hoffet, die ihr in Gerechtigkeit gestorben seid.

5 Und seid nicht traurig, wenn eure Seele mit Kummer in das Totenreich hinabfährt und euer Leib bei euren Lebzeiten nicht gefunden hat, was eure Vortrefflichkeit verdiente, sondern seid vielmehr traurig über den Tag, da ihr zu Sündern wurdet, und über den Tag des Fluches und des Strafgerichts.

6 Und wenn ihr sterbt, sprechen die Sünder über euch: »Wie wir sterben, sterben die Gerechten, und was für einen Nutzen haben sie von ihren Taten gehabt?

7 Siehe, wie wir, so sterben sie in Kummer und Finsternis; und was ist ihr Vorzug vor uns? Von nun an sind wir gleich.

8 Und was werden sie erhalten und was werden sie schauen in Ewigkeit? Denn siehe, auch sie sind tot, und von nun an bis in Ewigkeit werden sie das Licht nicht mehr sehen.

9 Ich sage euch, ihr Sünder, euch genügt es, zu essen und zu trinken, die

Menschen nackt auszuziehen, zu rauben und zu sündigen, Besitz zu erwerben und gute Tage zu sehen.

10 »Habt ihr die Gerechten gesehen, wie ihr Ende war? Irgendwelche Gewalttätigkeit war ja bei ihnen nicht zu finden bis auf den Tag ihres Todes;

11 und doch sind sie untergegangen und sind geworden, als wären sie nie gewesen, und ihre Seelen sind in Trübsal in das Totenreich hinabgefahren.«

103 1 Und nun schwöre ich euch, den Gerechten, bei der Herrlichkeit dessen, der groß und ruhmreich und mächtig an Herrschaft ist, und bei seiner Majestät schwöre ich euch:

2 Ich kenne das Geheimnis und habe es auf den himmlischen Tafeln gelesen und habe das Buch der Heiligen gesehen und darin geschrieben und eingezeichnet gefunden über sie,

3 dass alles Gute und Ehre und Freude bereitet und aufgeschrieben ist für die Geister derer, die in Gerechtigkeit gestorben sind, und dass euch viel Gutes gegeben werden wird als Vergeltung für eure Mühe, und dass euer Los besser ist, als das Los der Lebendigen.

4 Und die Geister von euch, die ihr in Gerechtigkeit gestorben seid, werden leben, und sie werden sich freuen und frohlocken; und ihre Geister werden nicht untergehen, noch ihr Gedächtnis vor dem Angesicht des Großen bis auf alle Geschlechter der Welt; und jetzt fürchtet euch nicht vor ihrer Schmähung.

5 Wehe euch, ihr Sünder, nach dem Tode, wenn ihr in dem Reichtum eurer Sünde sterbt, und euresgleichen von euch sagen: »Selig sind die Sünder, alle ihre Tage haben sie gesehen;

6 und jetzt sind sie gestorben in Glück und Reichtum, Trübsal und Todesnot haben sie nicht gesehen in ihrem Leben. In Herrlichkeit sind sie gestor-

ben, und ein Gericht wurde an ihnen zu ihren Lebzeiten nicht vollzogen:

7 Ihr sollt wissen, dass man ihre Seelen in das Totenreich wird hinabfahren lassen, und dass es ihnen schlecht gehen und ihre Trübsal groß sein wird.

8 In Finsternis, Fesselung und lodernde Flammen, da, wo das große Gericht stattfindet, wird euer Geist geraten, und das Gericht wird dauern für alle Geschlechter der Welt; wehe euch, ihr werdet keinen Frieden haben!

9 Sagt nicht im Sinne der Gerechten und Guten, die einst am Leben waren: »In den Tagen unserer Not haben wir uns mit mühseliger Arbeit abgequält und haben alle Not zu sehen bekommen und haben viel Böses ertragen müssen. Wir sind aufgerieben worden, unsere Zahl ist zusammengeschmolzen und unser Geist ist kleinmütig geworden.

10 Wir sind umgekommen und haben niemand gefunden, der uns auch nur mit einem Wort geholfen hätte; wir sind geplagt worden und zu Grunde gegangen und haben nicht gehofft, das Leben zu sehen von einem Tage zum andern.

11 Wir hofften das Haupt zu sein und sind der Schwanz geworden; wir mühten uns ab mit Arbeiten und genossen nicht den Ertrag unserer Mühe; wir wurden zum Fraß für die Sünder, und die Ungerechten ließen ihr Joch schwer auf uns lasten.

12 Es wurden zu Herrschern über uns diejenigen, welche von Hass gegen uns erfüllt waren und uns schlugen; und denen, die uns hassten, beugten wir unsern Nacken, und sie hatten kein Erbarmen mit uns.

13 Und wir suchten ihnen zu entgehen, um zu flüchten und Ruhe zu haben, aber wir fanden keinen Ort, wohin wir unsere Zuflucht nehmen und uns vor ihnen retten konnten.

14 Und wir klagten über sie bei den Herrschern in unserer Not und schrien über die, die uns verzehrten, aber sie achteten nicht auf unser Geschrei und wollten unsere Stimme nicht hören.

15 Sie halfen vielmehr denen, die uns beraubten und aufzehrten und unsere Zahl verringerten, und sie verheimlichten ihre Bedrückung und nahmen nicht von uns das Joch derer, die uns aufzehrten, auseinandersprengten und mordeten; und sie verheimlichten unsere Ermordung und dachten nicht daran, dass die Bedrücker die Hände gegen uns erhoben hatten.«

104 1 Ich schwöre euch, dass im Himmel die Engel eurer gedenken werden zum Guten vor der Herrlichkeit des Großen; eure Namen werden aufgeschrieben werden vor der Herrlichkeit des Großen.

2 Hoffet! denn zuerst hattet ihr Schmach zu erdulden in Unglück und Not, jetzt aber werdet ihr leuchten wie die Lichter des Himmels, ihr werdet leuchten und gesehen werden, und die Pforte des Himmels wird euch aufgetan werden. (Dan 12,3; Phil 2,16)

3 Und rufet mit eurem Geschrei das Gericht herbei, so wird es euch erscheinen; denn für alle eure Drangsale wird er von den Fürsten Rechenschaft fordern und von all den Helfern derer, die euch beraubten.

4 Hoffet und lasset nicht von eurer Hoffnung, denn euch wird große Freude zu teil werden, wie die der Engel im Himmel.

5 Was werdet ihr dann tun müssen? Ihr werdet euch nicht zu verbergen brauchen am Tage des großen Gerichts, und werdet nicht als Sünder erfunden werden; und das ewige Gericht wird euch fern bleiben für alle Geschlechter der Welt.

6 Und nun fürchtet euch nicht, ihr Gerechten, wenn ihr die Sünder erstarken und vorwärts kommen seht auf ihren Wegen; und habt keine Gemeinschaft mit ihnen, sondern haltet euch fern von ihrer Gewalttätigkeit, denn Genossen der Engel des Himmels sollt ihr werden.

7 Denn ihr Sünder sprechet zwar: »Ihr sollt es nicht erforschen, und alle unsere Sünden werden nicht aufgeschrieben!« — sie schreiben doch alle eure Sünden auf, jeden Tag.

8 Und nun werde ich euch zeigen, dass Licht und Finsternis, Tag und Nacht alle eure Sünden sehen.

9 Seid nicht gottlos in eurem Herzen und lüget nicht, verkehret nicht das Wort der Wahrheit und zeihet das Wort des Heiligen und Großen nicht der Lüge, und achtet nicht eure Götzen, denn alle eure Lüge und Gottlosigkeit dient nicht zur Gerechtigkeit, sondern zu großer Sünde.

10 Und nun weiß ich dieses Geheimnis, dass die Sünder das Wort der Wahrheit vielfach ändern und verdrehen werden, und dass sie schlimme Reden führen, lügen und große Betrügereien erfinden werden und dass sie Bücher über ihre Reden schreiben werden.

11 Wenn sie aber alle Reden richtig niederschreiben in ihren Sprachen und nichts ändern und kürzen an meinen Reden, sondern alles richtig niederschreiben, alles, was ich zuvor über sie bezeugt habe:

12 so weiß ich ein anderes Geheimnis, dass nämlich den Gerechten und Wiesen die Bücher werden gegeben werden zur Freude, zur Rechtschaffenheit und zu vielfältiger Weisheit.

13 Und ihnen werden die Bücher gegeben werden, und sie werden daran glauben und sich darüber freuen, und alle Gerechten, die aus ihnen alle Pfade der Rechtschaffenheit kennen lernten, werden ihren Lohn empfangen.

105 1 Und in jenen Tagen, spricht der Herr, sollen sie die Söhne der Erde rufen und Zeugnis ablegen von der Weisheit derselben; zeiget sie ihnen, denn ihr seid ihre Führer, und die Belohnungen, die über die ganze Erde kommen sollen.

2 Denn ich und mein Sohn werden uns mit ihnen auf ewig auf den Pfaden der Rechtschaffenheit während ihres Lebens vereinigen, und Friede wird euch werden. Freuet euch, ihr Kinder der Rechtschaffenheit. Amen.«

**Anhang
(Kap 106-108)**

Noah, der sonderbare Sohn

106 1 Und nach einiger Zeit nahm mein Sohn Methusala seinem Sohne Lamech ein Weib, und sie ward von ihm schwanger und gebar einen Sohn.

2 Und sein Leib war weiß wie Schnee und rot wie Rosenblüte, und das Haar seines Hauptes und sein Scheitel weiß wie Wolle, und seine Augen schön; und wenn er seine Augen aufschlug, erhellten sie das ganze Haus wie die Sonne, so dass das ganze Haus sehr hell war.

3 Und danach richtete er sich unter den Händen der Wehemutter auf, öffnete seinen Mund und redete mit dem Herrn der Gerechtigkeit.

4 Und sein Vater Lamech fürchtete sich vor ihm, floh und kam zu seinem Vater Methusala

5 und sprach zu ihm: »Ich habe einen sonderbaren Sohn gezeugt, er ist nicht wie ein Mensch, sondern gleicht den Kindern der Engel des Himmels, und seine Natur ist eine andere, und er ist nicht wie wir; seine Augen sind wie die Strahlen der Sonne, sein Antlitz leuchtend.

6 Und es scheint mir, als ob er nicht von mir, sondern von Engeln stamme, und ich fürchte, es möchte in seinen Tagen ein Wunder auf Erden geschehen.

7 Und nun, mein Vater, bin ich hier, dich flehentlich zu bitten, du möchtest zu unserem Vater Henoch gehen, um

von ihm die Wahrheit zu erfahren, denn er hat seinen Wohnsitz bei den Engeln.«

8 Und als Methusala die Rede seines Sohnes gehört hatte, kam er zu mir an die Enden der Erde, denn er hatte vernommen, dass ich daselbst wäre; und er schrie, und ich hörte seine Stimme, kam zu ihm und sprach zu ihm: »Sieh, da bin ich, mein Sohn, warum bist du zu mir gekommen?«

9 Und er antwortete mir und sprach: »Um einer großen Sorge willen bin ich zu dir gekommen, und wegen einer beunruhigenden Erscheinung habe ich mich dir genähert.

10 Und nun höre mich, mein Vater: Meinem Sohne Lamech ist ein Sohn geboren worden, dessen Gleichen es nicht gibt und dessen Natur nicht wie die Natur eines Menschen ist. Seine Farbe ist weißer als Schnee und röter als Rosenblüte, das Haar seines Hauptes ist weißer als weiße Wolle, und seine Augen wie Strahlen der Sonne; und als er seine Augen aufschlug, erhellten sie das ganze Haus.

11 Und er richtete sich unter den Händen der Wehemutter auf, öffnete seinen Mund und pries den Herrn des Himmels.

12 Da fürchtete sich sein Vater Lamech und floh zu mir, und er glaubt nicht,

dass er von ihm stamme, sondern das Ebenbild der Engel im Himmel sei; und siehe, ich bin zu dir gekommen, dass du mir die Wahrheit kundtust.«

13 Und ich, Henoch, antwortete und sprach zu ihm: »Der Herr will Neues auf Erden schaffen; und das habe ich bereits im Gesicht gesehen und dir kundgetan, dass im Zeitalter meines Vaters Jared einige aus der Höhe des Himmels das Wort des Herrn übertraten.

14 Und siehe, sie taten Sünde und übertraten das Gesetz, und sie vereinigten sich mit den Weibern, und sündigten mit ihnen, und sie heirateten einige von ihnen und zeugten Kinder mit ihnen.

15 Und ein großes Verderben wird über die ganze Erde kommen, und eine Wasserflut und großes Verderben wird ein Jahr lang herrschen.

16 Und es wird geschehen, dass eben dieser Sohn, der euch geboren wurde, auf Erden übrig bleiben wird, und seine drei Söhne werden mit ihm gerettet werden; wenn alle Menschen, die auf Erden sind, sterben, wird er mit seinen Söhnen gerettet werden.

17 Sie zeugten Riesen auf Erden nicht dem Geiste, sondern dem Fleische nach. Und ein großes Strafgericht wird über die Erde kommen, und die Erde

reingewaschen werden von aller Unreinigkeit.

18 Und nun tue deinem Sohne Lamech kund, dass der, der geboren worden ist, in Wahrheit sein Sohn ist, und nenne seinen Namen Noah; denn er wird euch ein Rest sein, und er und seine Kinder werden errettet werden aus der Vernichtung, die über die Erde kommen wird wegen all der Sünde und all der Ungerechtigkeit, die in seinen Tagen auf Erden vollbracht werden wird.

19 Und danach wird die Ungerechtigkeit noch viel grösser werden als die, welche zuvor vollbracht worden ist; denn ich kenne die Geheimnisse der Heiligen, weil er, der Herr, sie mir gezeigt und kundgetan hat, und ich sie auf den himmlischen Tafeln gelesen habe.

107 1 Und ich sah darauf geschrieben, dass Geschlecht für Geschlecht freveln wird, bis ein gerechtes Geschlecht aufsteht und der Frevel ausgetilgt wird, und die Sünde von der Erde verschwindet und alles Gute auf ihr hervorkommen wird.

2 Und nun mein Sohn, geh hin, tue deinem Sohn Lamech kund, dass dieser Sohn, der geboren worden ist, wahrhaftig sein Sohn ist und dass dies keine Lüge ist.«

3 Und als Methusala die Worte seines Vaters Henoch gehört hatte — er hatte ihm nämlich alle verborgenen Dinge gezeigt — da kehrte er zurück und zeigte sie ihm; und nannte den Namen jenes Sohnes Noah, denn er wird der Erde Freude bringen nach allem Verderben.

Für die Gerechten in den letzten Tagen

108 1 Ein anderes Buch, das Henoch für seinen Sohn Methusala schrieb und für die, welche nach ihm kommen und das Gesetz halten werden in den letzten Tagen.

2 Ihr, die ihr Gutes getan habt, werdet auf diese Tage warten, bis mit denen, die Böses tun, ein Ende gemacht wird, und die Macht der Übeltäter ein Ende nimmt.

3 Wartet ihr nur, bis die Sünde vergeht; denn ihr Name soll aus dem Buche des Lebens und aus den heiligen Büchern ausgetilgt werden, und ihr Same soll auf ewig untergehen, und ihre Geister werden getötet werden, und sie werden schreien und wehklagen an einem wüsten und unkenntlichen Orte und im Feuer brennen, denn daselbst gibt es keine Erde.

4 Und ich sah dort etwas einer Wolke Ähnliches, was nicht zu erkennen war, denn wegen seiner Tiefe vermochte ich

nicht es zu überschauen, und ich sah eine Feuerflamme lodern mit hellem Schein, und es kreisten dort Gestalten wie hellleuchtende Berge, und sie wurden hierhin und dorthin getrieben.

5 Da fragte ich einen von den heiligen Engeln, welche bei mir waren, und sprach zu ihm: »Was ist dieses Hellleuchtende? Denn es ist kein Himmel, sondern nur die Flamme eines brennenden Feuers, dazu die Laute von Geschrei, Weinen, Wehklagen und heftigem Schmerz.«

6 Und er sprach zu mir: »Dieser Ort, den du siehst, — da werden die Geister der Sünder und Lästerer hingeworfen, und derer, die Böses tun und die alles umkehren, was Gott durch den Mund der Propheten als in Zukunft geschehend verkündet hat.

7 Denn es gibt darüber oben im Himmel Schriften und Aufzeichnungen, damit die Engel sie lesen und wissen, was den Sündern widerfahren wird, und den Geistern der Demütigen und derer, die ihren Leib kasteiten und dafür von Gott belohnt wurden, und derer, welche von bösen Menschen beschimpft wurden,

8 die Gott liebten, aber Silber und Gold nicht lieb hatten noch alle Güter in der Welt, sondern ihren Leib der Qual hingaben, (2.Makk 7,24)

9 und die, seit sie ins Leben traten, nicht irdische Speise begehrten, sondern sich für einen vergänglichen Hauch hielten und darnach lebten; und vielfach prüfte sie der Herr, aber sie wurden in Reinheit befunden, seinen Namen zu preisen.

10 Und alle Segnungen, die ihnen bestimmt sind, habe ich in den Büchern aufgezählt; und er hat ihnen ihren Lohn bestimmt, weil sie als solche befunden wurden, die den Himmel mehr liebten als ihr Leben in der Welt, und, während sie von bösen Menschen zu Boden getreten wurden und von ihnen Schmähungen und Lästerungen zu hören bekamen und beschimpft wurden, nichts destoweniger mich priesen. (1.Joh 2,15)

11 Und nun werde ich die Geister der Guten aus dem Geschlechte des Lichtes rufen, und werde die in Finsternis Geborenen verklären, welche in ihrem Fleische nicht mit der Ehre gelohnt wurden, wie sie ihrer Treue gebührte. (Joh 12,36; 1.Thess 5,5)

12 Und ich will in hellleuchtendem Lichte diejenigen herausführen, welche meinen heiligen Namen liebten, und will jeden einzelnen auf den Thron seiner Ehre setzen. (Mat 19,28)

13 Und sie werden glänzen Zeiten ohne Zahl hindurch, denn Gerechtigkeit ist das Gericht Gottes; denn den Treuen

wird er Treue halten in der Wohnung
der Pfade der Rechtschaffenheit.

14 Und sie werden sehen, wie die in
Finsternis Geborenen in die Finsternis
gestoßen werden, während die Gerechten glänzen.

15 Die Sünder aber werden schreien
und jene sehen, wie sie glänzen, und
auch sie werden dahin gehen, wo ihnen
Tage und Zeiten bestimmt sind.